擺脱貧困

■ 習近平 著

海峽出版發行集團 | 福建人民出版社
THE STRAITS PUBLISHING & DISTRIBUTING GROUP | FUJIAN PEOPLE'S PUBLISHING HOUSE

◎ 1988年至1990年，习近平同志任中共寧德地委書記。

◎ 1989年12月2日，帶領地直機關幹部到寧德市參加義務勞動。

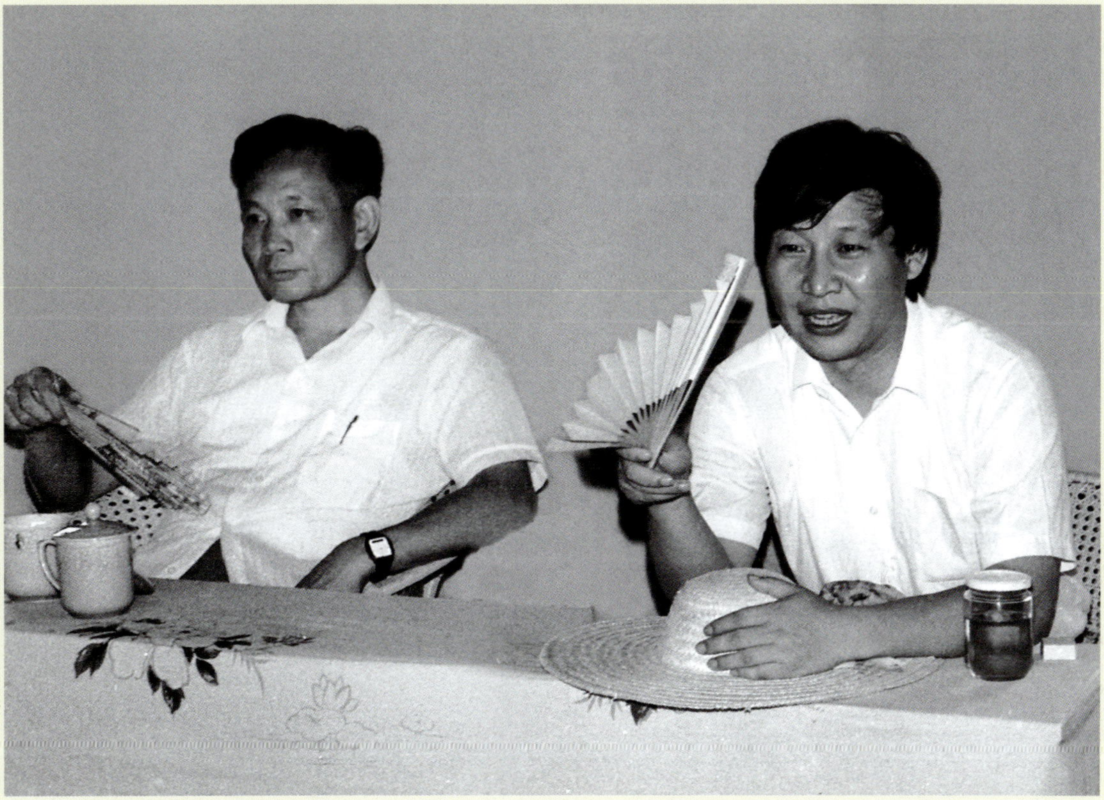

◎ 1989年7月19日，到壽寧縣下黨鄉調研并召開現場辦公會。

◎ 1989年1月18日，看望寧德市九都鄉九仙村少數民族群衆。

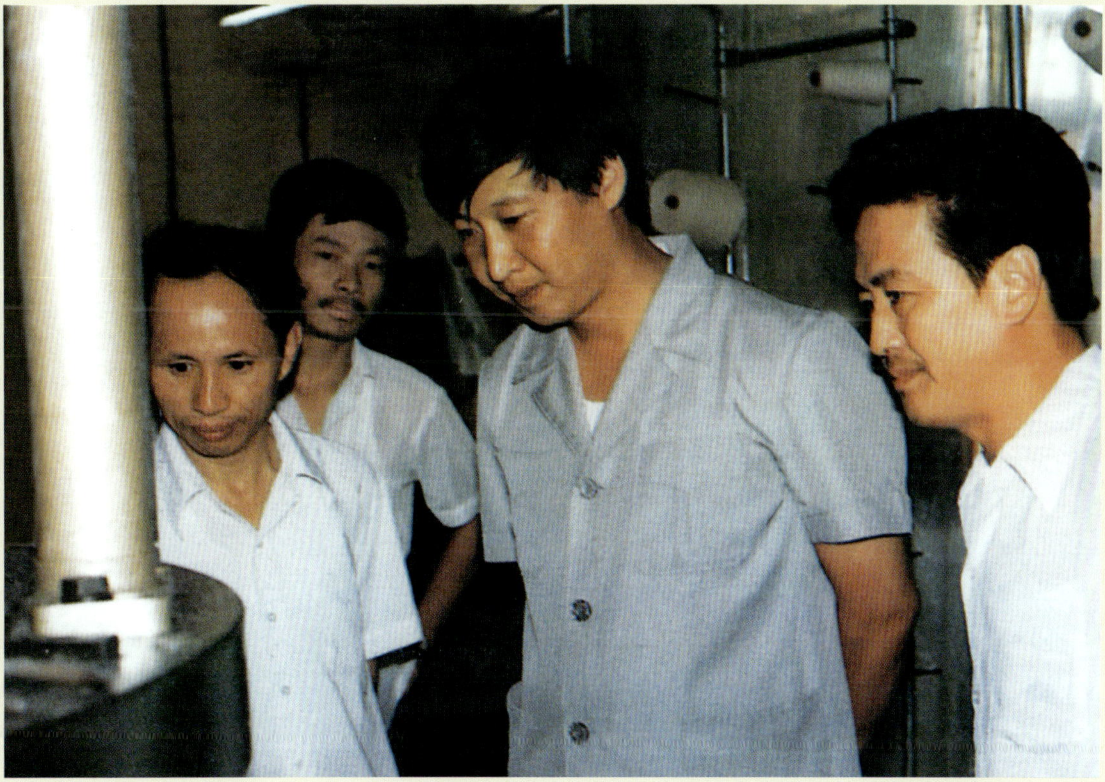

◎ 1988年8月10日，在霞浦縣調研工業。

◎ 1989年7月，與地、縣領導在壽寧縣山村。

◎ 1989年1月，看望老同志并聽取意見建議。

◎ 寧德市漳灣鎮拱嶼村挂養牡蠣獲得成功。

◎ 閩東豐富的林業資源。

◎ 閩東的水田。

重印説明

1992年7月，我社出版了習近平同志的《擺脱貧困》一書。該書收録了習近平同志擔任中共寧德地委書記期間自1988年9月至1990年5月的重要講話、文章，共29篇。這些講話、文章，緊緊圍繞閩東地區如何脱貧致富、加快發展這一主題，提出了“弱鳥先飛”、“滴水穿石”、“四下基層”等許多富有創見的理念、觀點和方法，深刻回答了推進閩東地區經濟社會發展的重大理論和實踐問題。

該書出版以來，深受廣大讀者特別是各級領導幹部的歡迎。爲滿足讀者的閱讀需求，兹重印此書。

福建人民出版社

2014年8月

序

項　南

閩東九縣市，是福建比較貧困的地區之一。我在福建工作期間，雖然縣縣都跑到了，但對寧德地區的具體幫助很不够，總覺得欠了賬。

最近，我看了習近平同志在寧德地區工作期間的一些講話和文章，很有啓發。加上最近我又到寧德地區看了幾個縣，看到那裏的温飽問題已基本解决，經濟發展大有起色，地委領導班子精神飽滿，令人十分高興。這就在一定程度上彌補了我的不足。

近平同志和他的“一班人”，在寧德近兩年的工作中，帶頭“四下基層”，對寧德的特點和歷史，作了仔細的調查和認真的思考，所以提出的設想，比較切合實際。一掃時下那種説大話、説空話、説套話的弊病。雖然近平同志已經調離寧德，但今天是從昨天走過來的，他留下的這份精神財富，肯定會對繼任者起承前啓後的作用。

這些文章反映出一個最大的特點，就是始終扭住經濟建設這個中心不放。這個問題，從最近小平同志南巡講話以後，更加清楚了。但是有相當一段時間并非如此，有些人總還是有這樣那樣的看法。一個地區、一個縣市、一個部門、一個企業，工作當然是很多的，有些人爲了突出某一項工作，往往自覺或不自覺地把這項工作當作中心。有些工作確實很重要，但再重要，也應當圍繞經濟建設這個中心，而不可另立中心。如果形成了許多中心，勢必削弱經濟建設這個唯一中心。近平同志曾經在一個鄉政府的墻壁上看到琳琅滿目的各種錦旗，墻上什麽錦旗都有，唯獨看不見經濟建設這面錦旗。他認爲能得錦旗當然是件好事，但决不可各吹各的號，各唱各的調，主次不分，抓不住中心。他主張集中各方面力量，充分發揮寧德的山海優勢，來個“經濟大合唱”，而不可另立第二個中心，更不能搞多中心。堅持一個中心、兩個基本點的路綫，什麽時候都不能有絲毫的動摇。

近平同志針對寧德比較貧困的特點，一再强調要大膽改革和開放。閩東雖然比較貧困，但閩東又是沿海地區，面對臺灣，面對太平洋；而且水深港闊，有全國少有的良港。根據這一特點，解决多年困擾我們的缺資金、缺人才問題，最快的辦法，莫如加快改革，擴大開放，搞好外引内聯，敢于用别人的資金、技術，來開發我們自己的資源，包括寧德特有的海産資源和各種石材、木材資源。這就需要不斷增强幹部開放意識、改革意識和商品觀念。衹要敢闖、敢試驗、敢爲天下先，就没有剋服不了的困難。改革開放大膽一些，經濟發展就有可能快一些，脱貧致富也就有希望。

近平同志有些想法，是想得很深、很細的。如提倡“滴水穿石”的精神，“弱鳥先飛”的意識等，目的都是爲了發揚人的首創精神，不畏艱難的精神，爲了力戒形式主義，不搞花架子，真正把心貼在人民身上。我們一向認爲，貧困并不要緊，最怕的是思想貧乏，没有志氣。成天想到的，不是向上伸手，就是怨天尤人。這種精神狀態，怎麼能擺脱貧困呢？我們主張思想要解放，工作要扎實。工作要從一點一滴做起，經驗要一點一滴積纍。凡事反求諸己，立足于自力更生，就能丢掉包袱，輕裝前進。如能持之以恒，滴水就能穿石。就扶貧來説，我們要多搞些短平快項目，但决不可心存僥幸，衹熱衷于短期行爲。同貧困作鬥争，是一項長期的歷史任務。貧困地區要收到經濟、社會、生態三方面的效益，没有愚公移山的精神，不從治山治水這個“笨”工作上下功夫，是改變不了貧困落後的面貌的。

一個擔任重要職務的年輕幹部，對改變本地區的落後面貌有什麼抱負、有什麼想法、有什麼作風，關係着這個地區整個工作的成敗。因此必須開動腦筋，大膽地去想，勇敢地去闖。即使有些想法不一定完全切合實際，有些做法一時看不出效果，也不要緊。要求每個人做到每句話、每件事都完美無缺，是不可能的。從這個意義上說，近平同志也不例外。我們地市縣鄉的幹部，如果看一看這本小册子，是會獲得許多啓發的。

目　錄

弱鳥如何先飛

——閩東九縣調查隨感

（一九八八年九月）

毫無疑問，在發展商品經濟的海闊天空裏，目前很貧困的閩東確是一隻“弱鳥”。我六月到閩東上任，七月初至八月初，偕同地區幾位領導同志，走了閩東九個縣，還順帶走了毗鄰的浙南温州、蒼南、樂清等地。大家邊走邊調查、思考、研究，思緒始終集中在一個問題上：在“海闊憑魚躍，天高任鳥飛”的發展商品生產經濟的態勢下，閩東這隻“弱鳥”可否先飛，如何先飛?

一、“先飛”意識

閩東，交通閉塞，信息短缺，是小農經濟的一統天下。

商品經濟的發展較其他貧困地區，顯得更爲步履艱難。人們説起閩東，便是五個字："老、少、邊、島、貧。"處于這麽一種弱鳥的境地，有没有"先飛"這個話題的一席之地呢？我看，不但有一席之地，還有大講一下的必要。地方貧困，觀念不能"貧困"。"安貧樂道"，"窮自在"，"等、靠、要"，怨天尤人，等等，這些觀念全應在掃蕩之列。弱鳥可望先飛，至貧可能先富，但能否實現"先飛"、"先富"，首先要看我們頭腦裏有無這種意識。所以我認爲，當務之急，是我們的黨員、我們的幹部、我們的群衆都要來一個思想解放，觀念更新，四面八方去講一講"弱鳥可望先飛，至貧可能先富"的辯證法。這樣，既可跳出老框框看問題，也可以振奮我們的精神。

不少同志希望國家多撥資金，多安排一些計劃内原料，總之，韓信用兵，多多益善。一般説來，關照多一點總不是壞事。這心情可以理解，但我們有必要擺正一個位置：把解决原材料、資金短缺的關鍵，放到我們自己身上來，這個位置的轉變，是"先飛"意識的第一要義。我們要把事事求諸人轉爲事事先求諸己。比如説，可以着眼于挖掘潛力，降低成本；可以通過外引内聯，建立穩定的物資協作網絡；可以鼓勵各縣制定一些讓利政策。我們完全有能力在一些未受制約的領域，在貧困地區中具備獨特優勢的地方搞超常發展。

也就是説，貧困地區完全可能依靠自身的努力、政策、長處、優勢在特定領域“先飛”，以彌補貧困帶來的劣勢。這并不乏其例。在大城市乃至特區的電子行業中的許多重要企業開工不足、舉步維艱的情况下，我們貧困地區的霞浦却讓自己的電子按摩器、男寶器源源不斷地進入國内外市場，而且供不應求，聲譽甚好。顯然，不能説霞浦的條件優于大城市和特區，也不能説霞浦的電子産業條件優于那些重要的電子企業；這衹能證明，“先飛”不僅是可能的，而且是現實的。商品觀念、市場觀念、競争觀念對貧困地區來説，都是嶄新觀念，都應成爲“先飛”意識的組成部分。没有這些觀念，我們即便天天高喊商品經濟也衹是一句空話。

我這裏特別要强調一下商品經濟建設觀念，不能搞“政治、經濟”兩張皮。各縣的五套班子都要圍繞經濟建設來做好本部門的工作。要搞“經濟大合唱”，黨中央從十一届三中全會開始講要把黨的工作重點轉移到經濟建設上來，説了十年了，可我們許多同志一碰到具體問題便“睫在眼前猶不見”，頃刻主次顛倒。經濟建設是我們的主旋律，從來没有不朝思暮想經濟建設而能搞好經濟建設的。不少同志反映鄉鎮非經濟工作牽扯了鄉鎮幹部的大部分精力。我認爲必須迅速杜絶這類狀况。鄉鎮幹部的主要精力、時間衹能用在經濟工作實踐上。

沿海開放省份廣東開放得早，又走得快，成就斐然。最重要的是廣東人從上到下，都有一種“先飛”意識，“先飛”欲望極其强烈，終究飛起來了。

二、飛洋過海的藝術

既飛，當然力圖飛洋過海，要向外飛，在國際市場上經風雨，在商品經濟中見世面。

閩東四個沿海縣中已有寧德、霞浦兩縣列入開放縣行列，福安和福鼎要積極争取列入開放縣。現有的兩個開放縣已有了基本的開放政策。當然，這衹是顯示了一個趨嚮，能否擴大開放，還取决于我們的工作。對于這一點要有清醒認識，要有緊迫感。開放縣怎麽搞？這是一個總題目。由于時間、地點、生産要素組合不一樣，開放模式也是多種多樣的，不可能照搬特區、開放城市的做法。要根據自己的實際情况，摸索出一條與之相適應的路子。開放有一個準備過程，比如，投資環境的改善，創匯條件，可能外銷産品的外銷比重，等等。就拿投資環境來説吧，諸如“水、電、氣、路、橋”等，我們雖然不能與城市和發達地方攀比，但也要創造一個起碼的條件。有人説，可以另起爐竈，我不贊成，要從區情、區力出發來考慮這個問題。還是要依托現有城鎮的布局，不能脱離現有城鎮的生活設施另起爐竈，重新搞一個開發區。别的地方也許行，在我們閩東地區則不行。道理很簡單，我們没有那麽多財力。

“硬”的我們缺少些條件，可以多講“軟”的。軟環境建設方面，我們就很有一篇好文章可作。外商在我們中國投資反映最多的是我們辦事效率不高，部門林立，扯皮推諉。從基本上投入、産出和成本核算來看，我們閩東的條件不如别的地方；越是這樣，我們越是要講軟功夫。軟功夫是貧困地區這隻“弱鳥”藉以飛洋過海的高超藝術。我們不要模仿大城市，搞一整套龐大的機構，從一開始我們就要有全新的辦法，比如簡化手續、降低費用、改善服務質量，“一個窗口，一個圖章”，等等。另外，除了要堅決執行國家制定的法規、條例外，我們還可以針對實際情况，考慮制定一些地方性法規、條例，切實保護外商的合法權益。没有安全感，外商不會來，來了也會走。還要提醒一下，不要把外商投資企業辦成國營企業，要真正讓外商按照國際慣例進行生産管理。

從實踐看，凡是聽了宣傳不辭舟車勞頓之苦跑上數百里陡峭山路來到我們這個貧困地區的，凡是已拿出錢來作了大小投資的，凡是興業貧困地區并作了安營扎寨打算的，都可以説是貧困地區的軟功夫——飛洋過海的藝術奏了相當功效。

三、怎樣豐滿羽翼

要使弱鳥先飛，飛得快，飛得高，必須探討一條因地制宜發展經濟的路子。

閩東走什麽樣的發展路子，關鍵在于農業、工業這兩個輪子怎麽轉。

閩東主要靠農業吃飯，我們窮在“農”上，也衹能富在“農”上。小農經濟是富不起來的，小農業也是没有多大前途的。我們要的是抓大農業。這就是説，在農業上，“靠山吃山唱山歌，靠海吃海念海經”，穩住糧食，山海田一起抓，發展鄉鎮企業，農、林、牧、副、漁全面發展。“吃山”，要抓好林、茶、果。林業是“一封就成林”。周寧縣的黄振芳家庭林場搞得不錯，爲我們發展林業提供了一條思路。茶葉是閩東的一大優勢，産量占全省的1/4，現在的畝産比較低，提高畝産應該是一個主攻方嚮，當前重點要抓好老茶園的改造工作。種果也是很有前景的，特别是具有閩東特色的水果應大發展，如霞浦、寧德的晚熟荔枝，福鼎的四季柚，福安的芙蓉李，古田的油柰等。“念海經”除繼續抓海洋捕撈外，灘塗養殖也要挖潜力，提高單産；而發展灘塗養殖的關鍵環節是飼料工業如何與之相適應。鄉鎮企業是農村集體經濟的重要支柱，要立足于本地農副產品資源的加工利用。爲城市大工業服務的勞動密集型企業，應以集體辦爲主，以吸收大量的富餘勞動力，調整好農村產業結構，使更多農民走上致富道路。

閩東發展的動力在于工業。工業上主要是正確處理速度和效益的關係，兩者一手抓，不可偏廢。看準效益了，速度還是加快些好，這樣閩東纔能儘快縮小同其他城市的差距。立足本地資源進行工業開發，要抓住時機上項目，不要盲目反對鋪新攤；祇要效益好，投資貸款有去有回，市場有銷路的非本地資源的加工業也要考慮發展。當然，没有好效益的，一個項目也不能上，特别要注意絶不能爲了出政績而盲目上項目，這是短期行爲。應强調突出規模經濟效益，如經濟效益和社會效益都比較好的霞浦電子按摩器、男寶器和福鼎的玩具等，要千方百計上批量，上規模。祇有上規模纔有可能占據更大的市場份額。還可以考慮建立滚動式的工業項目儲備庫，祇要有好項目，資金是可以找到的，可以多方集資，多辦一些股份企業。

閩東還有一項重要的工作是脱貧工作。閩東的貧困面比較大，經過三年的脱貧，有了可喜的變化。但應該清醒地看到，現在的脱貧還是處于低水平，還不穩定，脱貧是一項長期艱巨的任務，要有打持久戰的思想準備。扶貧先要扶志，要從思想上淡化“貧困意識”。不要言必稱貧，處處説貧。有些本來發展不錯的鄉鎮也把自己列入貧困的範圍，這樣做祇能起消極作用。其次，要有比較明確的脱貧手段，無論是種植、養殖還是加工業，都要推廣“一村一品”（即每個村都要抓一種有特色的產品）。福安縣後洋村抓巨峰葡萄種植就使全村人均收入達800多元，摘掉了貧困的帽子。蘑菇、茶葉都是城郊農民脱貧的重要項目，各縣有關部門要爲農民脱貧致富提供科技服務。第三，要把脱貧與農村社會主義精神文明建設結合起來。壽寧縣一些農民住宅人畜混居，衛生狀況很差，縣裏要幫助農民規劃農村住宅建設，將人畜分開，改變“貧困——不衛生——疾病——貧困”的惡性循環狀況。第四，扶貧資金要相對集中一部分用于扶持鄉村集體經濟實體，增强脱貧後勁；對于一些因連年病灾造成的特困户，要給予適當的救濟，并扶持他們發展一些力所能及的生產經營項目。

閩東的畲族人口占全國畲族人口的40%，占全省畲族人口的70%。畲族多居住在山高偏遠的地方，生活比較貧困。民族工作是我們一項帶有根本性的工作，致力于各民族的平等、團結是我黨民族政策的基本內容。民族工作的立足點在于發展經濟，祇有把經濟搞上去，纔有可能談民族的真正平等。要制定一些扶持少數民族鄉村發展的特殊、優惠政策，給他們以更好的幫助。要注意培養少數民族幹部，還要注意發展、整理民族文化，辦好民族中學。

如此種種，“弱鳥”的羽翼逐漸豐滿，造就了“先飛”的必要條件。

四、鴻鵠之志

没有終生廉潔、終生爲民的鴻鵠之志，期待飛得持久、“扶摇直上”是困難的。

從嚴治黨、爲政清廉關係到改革開放的成敗，始終是我黨的生命綫。我們絶不允許有人利用手中掌握的權力謀私利。當幹部的宗旨首先就是講奉獻，就是講服務。“熊掌和魚不可兼得”，當幹部就不要想發財，“莫伸手，伸手必被捉”。當然，在抓廉政的同時，也要正確區分違法亂紀與開放改革中出現的失誤。重要的一點是要保護改革者的積極性，鼓勵幹部爲人民事業敢爲天下先。我們既要敢于懲治，又要善于激勵，自始至終都必須把握好政策。

對閩東，我是充滿信心的，經過我們的不懈努力，我們一定可以創造“弱鳥”在許多領域先飛的奇迹。

提倡“經濟大合唱”

（一九八八年九月）

每首歌，每支樂曲，都有它的主旋律。人們一聽到熟悉的主旋律，就會想起它是哪首歌、哪支樂曲。主旋律是歌曲的主體，也是歌曲的靈魂。一個地方的工作，方方面面，林林總總，也有主旋律——這就是社會主義經濟建設。我在閩東的一個鄉搞調查時，看到這個鄉政府的墻壁上挂了不少錦旗，又是“優秀”，又是“第一”，可惜都不是經濟建設方面的。這就值得打個問號了。能够説有主旋律嗎？我看不能！挂了那麽多錦旗，少了經濟建設這一面就不風光。説得客氣些，有苦勞，没有功勞。幹工作，主次不分，不抓住根本，那就是“瞎忙乎”。

一個合唱團，要做到异口同聲，就得講究一個主旋律、一種節奏。經濟工作也是同樣的道理。如果每個部門、每個單位都强調自己工作的重要性，各吹各的號，各唱各的調，那非唱“砸鍋”不可。所以，我們應提倡“經濟大合唱”。

“經濟大合唱”，得有總指揮。地方的總指揮就是這個地方的黨委、政府。現代社會已經進入大經濟、大生産的時代。規劃、科研、生産、運輸、銷售、服務等各個環節都要重視。哪一環脱節，都會導致經濟活動的中斷；哪一環薄弱，就會成爲經濟發展的“瓶頸”，影響經濟活動的正常進行。因此，參加“合唱團”的各部門、單位，儘管工作千頭萬緒，樂器各异，聲部不同，“大弦嘈嘈如急雨，小弦切切如私語”，但都要服從黨委和政府的指揮。大家都要圍繞着經濟工作這個主旋律齊聲合唱。“陽春白雪”也好，“下里巴人”也好，衹要有主旋律，有節奏，就有藝術感染力了。否則，黨委一個調，人大一個調，政協一個調，政府又是一個調，“雜花生樹，群鶯亂飛”，這個地方的“歌”肯定唱不好。

“經濟大合唱”就是要講協調，講配合。光有主旋律，不講同心協力不行，搞内耗和摩擦更不行，需要調動各個部門、各個方面的積極性。既然是大合唱，各個部門就要自覺配合，主動協調。這不是簡單的“1+1=2”，我們要的是“1+1＞2”——也就是我們通常所説的“整體功能效益”。這好比一場足球賽。當今世界高水平的足球賽，僅講個人技術水平，單靠個人的脚下功夫，恐怕已經不合潮流了。破門主要靠隊員們的有機配合，配合意識已經成爲緑茵場上重要的戰術意識。一位著名足球評論家評論阿根廷足球隊痛失第12屆世界杯冠軍一戰時説：“馬拉多納作爲一名球星，在場上衹注意個人而不注意集體，阿根廷球星個人主義的踢法，終于導致他們與本屆世界杯冠軍絶緣。”球迷常批評某個隊員“盤帶過多”，就是討厭這個隊員過分賣弄自己的個人技術，而破壞了有機配合，以至失去了破門機會。一個地方的經濟工作，上下左右要形成一個整體。各個部門有相對的獨立性，但又都是整體中的一個部分，不能獨立于整體之外，也不能和其他部門割斷關係。“見驥一毛，不知其狀；見畫一色，不知其美。”任何部門搞“獨立大隊”，都是違背整體戰略的。每一個幹部都要有這樣一種意識：大合唱中，有你的位子，就有你講配合的職責。

可以説，經濟大合唱，有很强的藝術性，既要講合唱的規律，又要講合唱的技巧。所以，每個部門、每個人都要有整體戰略的意識，心朝一處想，勁朝一處使，聲朝一處發，那就可以唱出一支悠揚、嘹亮、動聽的好歌來。

幹部的基本功

——密切聯繫人民群衆

（一九八九年一月）

貧困地區獨特的地理位置和經濟發展的具體條件，决定了它的發展變化衹能是漸進的過程。根本改變貧困、落後面貌，需要廣大人民群衆發揚“滴水穿石”般的韌勁和默默奉獻的艱苦創業精神，進行長期不懈的努力，纔能實現。爲此，貧困地區幹部要付出更加艱辛的勞動。那麽，貧困地區的幹部需要什麽樣的基本功呢？要回答這個問題，須從貧困地區的發展變化最基本的條件是什麽這樣一個大問題中去尋找答案。貧困地區的發展靠什麽？千條萬條，最根本的衹有兩條：一是黨的領導；二是人民群衆的力量。黨的領導是通過具體的路綫、方針、政策來體現的，而我們的幹部是黨的路綫、方針、政策的具體執行者，幹部衹有到人民群衆中去，并且同人民群衆保持血肉相聯的關係，纔能使黨的方針、政策得到更好的貫徹。這是問題的一方面。另一方面，群衆需要領導。没有領導，群衆的積極性既不能提高，也不能持久。要領導就要有威信，没有威信就不能真正地領導。領導的威信從哪裹來？靠上級封不出來，靠權力壓不出來，靠耍小聰明騙不出來，衹有全心全意、盡心竭力、堅持不懈爲人民辦事，纔能逐步地樹立起來。領導要有水平，水平從哪裹來？水平來自對客觀規律的認識和掌握，而規律性的東西，正是藴藏在廣大群衆的實踐中。因此，要提高領導水平，就要眼睛向下，善于從群衆的實踐中汲取營養，獲得真知。所以，無論是從發揮黨的領導作用，還是從調動群衆積極性這兩方面説，都要求我們的各級幹部始終同廣大人民群衆保持密切的血肉聯繫。這就是幹部的一項十分重要的基本功。我們的幹部都應當苦練這一基本功。在我們前進的道路上有許多困難和問題，究竟從哪裹入手去解决問題，依靠什麽去戰勝困難？從不同的角度可以談出不同的思路和方法來。但根本的一條，就是要發動群衆，依靠群衆。這就要求我們的各級領導幹部要深入實際，深入群衆，堅持從群衆中來到群衆中去。不懂得或不堅持這樣做，没有這樣一套基本功，就不是一個稱職的領導幹部。

美國哈佛大學費正清教授在他所著的《偉大的中國革

命》一書中曾提出這樣的問題："1928年中國的希望似乎在國民黨一邊，爲什麽20年後形勢顛倒了呢?"他的回答是："國民黨的領導變得陳腐了"，"因而失掉民心"；而中國共産黨的領導者們則"都是極熱誠忠于他們的事業，并充當開路先鋒，爲一個偉大民族的奮起秣馬厲兵"。作爲一個資産階級學者，難得他看到了民心所嚮問題，這也確實道出了中國革命勝利的根本原因——中國共産黨與廣大人民群衆存在的血肉聯繫。黄炎培先生曾對毛澤東同志説過，一人、一家、一團體、一地方乃至一國，不少都没有跳出周期率的支配力。大凡初聚時聚精會神，没有一事不用心，没有一人不賣力，也許那時艱難困苦，衹有從萬死中覓取一生。繼而漸漸好轉了，精神也就漸漸放下了。惰性發作，由少數演爲多數，到風氣養成，雖有大力，無法扭轉。黄炎培希望"中共諸君"能够找出一條新路，跳出歷代統治者從艱苦創業到脱離群衆的周期率。毛澤東同志當即回答，我們已經找到了新路，我們能跳出這個周期率，這條新路就是民主，走群衆路綫。衹有讓人民來監督政府，政府纔不敢鬆懈。衹有人人起來負責，纔不會人亡政息。毛澤東同志高度概括總結了中國共産黨的理論和實踐，提出了"全心全意爲人民服務"這一莊嚴而偉大的號召，并把它作爲我黨的唯一宗旨寫進黨章之中。可見密切聯繫人民群衆是由我們黨的性質和使命所决定的，也是我們黨在長期革命鬥争中形成并堅持的優良傳統作風。我們要從這樣的高度來認識爲什麼要提倡幹部苦練密切聯繫群衆這個基本功。

提倡幹部要練好密切聯繫群衆這個基本功，在今天更具有現實意義。我們黨同群衆的關係，幹部同群衆的關係總的説是比較好的。但是這些年在一些幹部中也滋長了官僚主義、主觀主義、形式主義、個人主義和以權謀私等腐敗現象，有的甚至發展到相當嚴重的地步。廣大人民群衆對此反映强烈，意見很大。周恩來同志早在50年前就告誡過全黨：不怕戰争失利，最怕戰争失了人心！失掉民衆，這是萬劫不復的。如果我們不注意密切聯繫群衆，那麽，在革命戰争的艱難歲月裏我們黨同人民群衆建立起來的血肉相聯的關係就會失去。政之所興在順民心，政之所廢在逆民心，我們黨已是在和平時期執政了40年的黨，脱離群衆的危險比之戰争年代大大地增加了，而脱離群衆對黨、對人民可能産生的危害也大大地增强了。

現在我們非常强調社會穩定。最重要的保證是什麽？是群衆，是千百萬真心實意地擁護四項基本原則和改革開放的群衆。“治政之要在于安民，安民之道在于察其疾苦。”古人議政的這句話，今天依然值得借鑒。衹要我們把民衆的疾苦瞭解到、處理好，“去民之患，如除腹心之疾”，衹要我們能真正代表人民的根本利益，“以百姓之心爲心”，我們的周圍就會吸引和凝聚起千百萬大衆，還愁什麽社會不穩？！明顧炎武有詩云“勾踐栖山中，國人能致死”，意謂越王勾踐栖于會稽山中，卧薪嘗膽，博得了人民的信任，百姓肯爲之捐軀。封建君主與人民的根本利益相悖，然而當他來到人民中間，肯于多少代表一點人民的意願，肯于多少與人民同一點甘苦，人民便可爲其“致死”。我們黨的幹部與人民群衆的根本利益相一致，衹要我們密切聯繫人民，真正與民同苦、與民同憂，我們必定會重鑄我們與群衆的血肉聯繫，我們必定會赢得全體人民的同心同德。

黨員幹部必須密切聯繫群衆，這不能僅是一句口號，而應當化爲實實在在的行動。從我們的實際情况看，當前密切聯繫群衆最重要的是要堅持走群衆路綫，從嚴治黨，爲人民辦實事。

走群衆路綫，首先要有一個群衆觀點。“誠于中者，形于外”，有了群衆觀點，密切聯繫群衆纔會成爲自覺的行動。其次，要經常深入基層、深入群衆，積極疏通和拓寬同人民群衆聯繫的渠道。寧德地區今年要開展三項活動：一是地縣領導到基層去現場辦公；二是各級領導建立群衆接待日制度；三是領導幹部同基層單位挂鈎聯繫。我相信，通過開展這些活動，不僅可以推動各項工作部署的落實，也可以進一步密切幹群關係，轉變領導作風，增進各級領導幹部的責任感和使命感。

從嚴治黨，最根本的是要通過肅正風氣、恢復和發揚黨的優良作風取得人民群衆的信賴和擁護。對黨員幹部來説，很重要的一條，就是既要做“廉吏”，又要當“勤官”，既要廉政又要勤政。中國歷史上有不少官吏是既廉又勤的。“鞠躬盡瘁，死而後已”的諸葛亮，要求自己做到“不使内有餘帛，外有贏財”。司馬光“欲以身殉社稷，躬親庶務，不捨晝夜”，“于物淡然無所好”，“惡衣菲食以終其身”。封建官吏尚能如此，我們無產階級的幹部何言不能！以毛主席爲代表的老一輩無產階級革命家都是廉政與勤政的楷模。我們各級幹部一定要向老一輩無産階級革命家學習，努力做到“廉不言貧，勤不道苦”。這樣，我們就能永遠植根于群衆之中。

爲群衆辦實事，要扎扎實實，堅持不懈，久久爲功。人民群衆是最實在的，他們不但要聽你説得如何，更要看你做得如何。不光要聽“唱功”，而且要看“做功”。我們貧困地區經濟落後，家底薄弱，群衆有許多困難要解决，衹能量力而行，盡力而爲地爲群衆辦實事。有許多問題，不可能盡如人願。但是，衹要我們堅持實實在在地每年爲群衆辦幾件實事，群衆是會真心實意地擁護我們，會自覺自願地和我們同心同德，共渡難關的。有的同志説，辦實事需要錢，這話不錯，但并不全面。爲群衆辦實事是多方面的。下基層爲群衆解決一些生産、生活中的實際困難，是辦實事；到農村去宣傳黨的農村政策，搞好形勢教育，解開群衆思想上的疑慮，是辦實事；幫助基層加强黨的建設，促進農村經濟發展，是辦實事；開展調查研究，解剖麻雀，總結經驗，以指導面上的工作，同樣是辦實事。在辦實事問題上，我們要注意拓寬視野，打開思路。一是要對“辦實事”有辯證的理解，不能把辦實事與給錢給物等同起來；所以，我們既要爲物質文明建設辦實事，又要爲精神文明建設辦實事。二是要講重點，要抓住群衆生産、生活中迫切需要解决的問題，越是群衆關注的“熱點”、“難點”，越要力争辦好。不能避重就輕，扔了“西瓜”去揀“芝麻”，或者見了難點就繞道走。三是要提高辦實事的水平，講究辦實事的科學性，提倡辦實事要有一點科學思考和科學論證。一件事辦得是否有意義，有價值，不能衹看群衆眼前的需求，還要看是否會有後遺症，是否會“解决一個問題，留下十個遺憾”。例如，修了一道堤，人行車通問題解决了，但水的迴流没有了，生態平衡破壞了；大量使用地熱水，療疾洗浴問題解决了，群衆很高興，但地面建築下沉了，帶來了更爲棘手的後果；這類傻事千萬幹不得！“不作無補之功，不爲無益之事”，應成爲我們爲民辦實事的座右銘。四是要有大局觀念，堅持黨性原則，堅持按政策辦事。局部可行，但全局不行的事，堅决不辦。不能有短期行爲，更不能爲了追求個人政績而不顧政策規定去蠻幹。我們要把辦實事的過程，作爲對群衆進行愛國主義、社會主義、集體主義和黨的方針、政策教育的過程，使廣大群衆從中體會到黨和政府的關懷、社會主義制度的優越性，從而更加真心實意地擁護黨、熱愛社會主義。

閩東之光

——閩東文化建設隨想

（一九九〇年一月）

人没有壓力不行。王進喜就説過：井無壓力不出油，人無壓力輕飄飄。我們承認閩東窮，清醒地認識到前進道路上的曲折和複雜，進而窮則思變，知難而進——這種“窮”的壓力還是有益的。但光有壓力不行，如果人們衹看到窮，但不是歷史地看，發展地看，就很容易失去自信心，自暴自弃，也很容易讓外面的人動起异様的“惻隱之心”：同情有之，望而却步有之，看不上眼也有之。——這様的壓力就是壓向了事物的反面。所以，在講“貧窮”的同時，不要忘記講閩東的光彩；在講壓力的同時，不要忘了講動力。

什麽是閩東之光呢？我想，閩東的錦綉河山就是一種光彩。閩東的燦爛文化傳統就是一種光彩。閩東人民的自强不息、艱苦奮鬥、善良質樸的精神就是一種光彩。認識到自身的光彩，纔有自信心、自尊心，纔有蓬勃奮進的動力。有句成語叫“王婆賣瓜，自賣自誇”，很有諷刺的味道。其實，如果王婆的瓜確實是好的，有它的特色，爲什麽不能自賣自誇呢？這也是一種自尊心、自信心的表現。我們也不妨做做王婆。要當好王婆也不容易，首先要對自己手裏的貨色有充分的瞭解，纔能介紹得好，纔能鼓舞人心。閩東人首先要知我閩東。不知我閩東，如何能愛我閩東？！當然也就更談不上建我閩東了。我們可以從文化建設的角度，讓人們好好認識一下閩東的閃光點。閩東人有自我認識的必要，不要以爲是閩東人就一定熟悉閩東。有的人由于不熟悉、不瞭解、不知家鄉可愛之歷史，或者知其然，不知其所以然，從而衹知道艷羡人家，從而失去自信心。這就是不認識，這就是“不識廬山真面目，衹緣身在此山中”。從這個角度説，文化建設本身也是精神文明建設。假如一個地方的人情緒低落，十足悲觀，就不能説這個地方精神文明建設搞得好。還有，我們搞改革開放，就要讓外面的人更多地、更全面地瞭解閩東。這一點很重要，要顯示出閩東的特點，以增加吸引力。如果一個地方對外面的人没有多大的吸引力，就不能説這個地方改革開放搞得好，這也證明了文明建設和改革開放密切相聯。

一個地區的文化建設內容很多，有一個重要的着眼點就是要弘揚地方的傳統文化。從整個國家來説，中華民族的傳統文化在民族的延續和發展中起到了積極的作用。在幾千年的文明發展史中，我們已經樹立了强烈的民族自信心，無論是在民族危亡，還是在民族昌盛時期，這種自信心都是我們民族精神中最穩定的成分。正是這種自信心，使中華民族渡過了近代史上許多内憂外患的危機，使中華民族在世界上有了令人敬佩的今天。閩東的文化建設也具有同樣的意義。我們有一個明確目標：通過文化建設，弘揚民族文化傳統，不僅增强我們的自信心，而且提高外界對閩東的信心。

這就給我們提出了一個基本的要求——一定要把握住閩東的閃光之處：畲族文化是一個閃光點；閩東是老區，有長期的鬥争歷程，也是一個閃光點；閩東人民現在正在抓緊機遇，脱貧致富，這又是一個閃光點；閩東的山海交融，風景獨特，這也是一個閃光點。

文化建設有直接的宣傳功能。講宣傳就有一個效果問題，這涉及到宣傳内容的思想性，又涉及到宣傳的形式。思想性是宣傳工作的靈魂，也是宣傳工作的出發點。但我們不能用大喊大叫的方式來表現我們閩東的閃光點。任何内容的文化建設活動，都應注意活動的方式和手段的運用。没有能爲别人所接受的方式和手段，思想性就無從體現，宣傳教育活動也就無從落實，古人云：“言之無文，行而不遠”，就是這個道理。

什麽樣的形式好呢？我們可以不斷摸索，但至少要注意以下幾點：一是爲群衆所喜聞樂見，能表現思想性，不能爲了形式而形式，流于形式；二是要有群衆性，脱離了群衆的形式，不利于調動大家的積極性；三是要少花錢，多辦事，多講經濟效益，銅錢扔到水裏也要有幾個響聲；四是要合乎大家的口味，不搞曲高和寡。

閩東的文化建設方方面面，我們可以先辦幾件條件比較成熟、有代表性的實事。我建議，一是辦一個畲族文化節，我們已經挖掘了不少畲族的民族文化，如新畲歌、民俗、民諺、民間音樂舞蹈、民間故事、民族工藝美術品、民族文物、民族武術等，完全有條件辦一個文化節，搞一次畲族文化大檢閲。第二件事，我一直有個想法，搞一個電視音樂片，利用電視這個現代化的傳播工具，展示一下閩東的閃光點。有風光畫面，有歌曲，視聽結合，情景交融，雅俗共賞，形成一個閩東風味。可以設想搞土“洋”結合。我已同省音協的專家擬定了一個方案，拍一部風光音樂電視片，取名《山海的交響》。我們閩東地區還是有寫詞譜曲人才的，可儘量發揮他們的作用，歌唱家可以去外地借。這種創作形式本身就可以讓人們更好地熟悉閩東。我們應該有信心搞一個能走向全國的電視音樂片。

如果我們充分認識了閩東之光，并把閩東之光傳播開去，使更多的人——外地區、外省市的朋友，海外的朋友，也對閩東之光有所瞭解，大家就會嚮往閩東，熱愛閩東，把心血汗水澆灌在閩東。

廉政建設是共產黨人的歷史使命

（一九九〇年二月）

中國有句古訓：“得民心者得天下。”那麼我們中國共產黨人靠什麼來得民心呢？靠的就是廉潔奉公，全心全意爲人民服務。這是一條真理。新民主主義革命和社會主義建設都證明了這條真理。1989年的政治風波也從反面教育了我們：廉政建設是我們共產黨人的歷史使命，如果我們不能承擔起這種歷史使命，我們就會失去民心，就會被敵人找到進攻的缺口。

應當指出，從總體上看，我們的黨是能够經受住執政和改革開放雙重考驗的，大多數黨員講奉獻，立黨爲公；但是黨内一小部分人的腐敗問題確實已經到了難以容忍，不懲治不足以平民憤的地步。有一段時間曾流行“腐敗不可避免論”，有人認爲改革開放必然會帶來腐敗現象。如果是這樣——改革開放不是帶來民心的振奮，而是民心的頽廢；不是增强了黨的凝聚力，而是帶來民心的涣散——那决不是我們所要進行的改革開放。我們黨的宗旨和社會主義制度的本質，都决定了我們不能容忍腐敗現象的滋生和蔓延。我們的目標是：既要發展經濟，又要廉潔的政府、清明的政風！

聯繫閩東地區的實際，窮地區，窮家底，脱貧致富的任務非常艱巨，這就更需要我們講廉政，以此團結和帶領群衆。如果我們不是“先天下之憂而憂，後天下之樂而樂”，而是像某些人那樣，爲了經營個人的安樂窩，以權撈錢，貪污受賄，無償調用勞動力；或者像某些人那樣缺乏“三材”就占用計劃内物資，甚至侵占用于教育、扶貧和救灾的物資；或者像地區僑聯副主席鄭某某那樣膽大妄爲，竟然將華僑捐款中飽私囊，那麽我們的事業還有什麽希望，我們何以取信270萬閩東人民！

所以，反腐敗，講廉政——我們别無選擇。1988年底地區在研究1989年總體工作時，確定了加强黨的建設，堅决懲治腐敗，促進改革開放的方針。接着，于1989年1月份在地委工作會議上又决定突出肅清腐敗現象在三個方面的表現，即幹部違法亂紀占地建房、以權承包工程和貪污受賄，并把嚴肅查處幹部違法亂紀占地建房確定爲懲治腐敗的突破口，對懲治腐敗的鬥争做了全面的部署。

一年來，經過全區上下的共同努力，懲治腐敗和廉政建設取得了重大成果。幹部違法違紀占地建房、以權謀私承包工程等歪風基本剎住，貪污受賄等大要案的查處有較大進展，表明地、縣委懲治腐敗、進行廉政建設的决心大，態度堅决。現在所面臨的問題是，如何鞏固戰果，勇追窮寇，把懲治腐敗的鬥争引向深入。

共産黨人要承擔起廉政建設的歷史使命，任重而道遠。我們必須過好“兩關”。第一關是自我關。列寧説，政治上有教養的人是不會貪污受賄的。幹部素質低，思想意識不好，不但是産生腐敗現象的重要原因之一，也是懲治腐敗的障礙之一。自身不正，何以正人？“安天下，必須先正其身”。所以，我們必須不斷地增强廉潔奉公的自我約束力，而這些是和我們自覺接受教育分不開的。我們必須接受馬克思主義基本理論的教育，社會主義和愛國主義的教育，革命傳統教育，艱苦奮鬥教育和國情教育。第二關是“人情關”。反腐敗必然要涉及到具體的人，如果涉及到自己的好友、同學、親戚，是剛正不阿、鐵面無私，還是手下留情，大事化小，小事化了？——如果是這樣，我們在一個人身上喪失原則，我們就會在千百萬人心上失去信任!

以上這兩關，不是要不要過，而是非過不可。當然，過兩關衹不過是打下了基礎。我們還必須動手從根本上鏟除腐敗現象賴以生存的温床。什麽是温床呢？濫用權力，這就是一個温床。我們共產黨人的權力無論大小，都是人民給的，也衹能受命于人民，爲人民謀利益。人民把權力交給了我們，我們在使用權力的時候就要讓人民放心。怎麽樣纔能讓人民放心呢？一個很重要的措施是建章立制。建立一整套系統、全面的制度以制約和監督權力的使用，這是杜絶腐敗的根本性措施。我們已經實行的“兩公開一監督”制度，要繼續堅持和不斷完善。這項工作不能停留在領導機關，而要向基層發展。既然我們的一切工作都是爲人民服務的，那麽，我們就應當而且可以廣泛接受人民群衆的批評監督。敢于公開接受群衆的批評監督，正是我們共產黨人有力量的表現，也是我們實踐自己宗旨的具體表現。

共產黨人是有信心承擔起廉政建設的歷史使命的，這種信心建立在服從真理和爲真理而奮鬥的每一個實際行動上。當前閩東地區的廉政建設必須做好三件事。第一件事是繼續查處大要案，并向深度和廣度擴展，查處幾個典型案件公布于衆。已經立案的要抓緊查處，儘早查結，讓人民群衆儘早看到查處結果。已有綫索的，要順藤摸瓜，深入查下去，查個水落石出；還要注意發現新的綫索，追查到底。查處大案要案，要堅持以事實爲依據，以法律爲準繩，所做的結論要經得起歷史的檢查。第二件事是“抓住重點，常抓不懈”。要在繼續查處貪污受賄、以權承包工程、占地建房的同時，着力抓好查處吃喝請客、送禮、賭博、拖欠占用公款的問題。要分階段抓住幾個重點，分析原因摸清情况，采取有力的措施，剎住這幾股風，讓人民群衆看到我們是動真格的，敢碰硬的，是真正要懲治腐敗的。第三件事，要建立廉政責任制。各級領導首先做好潔身自好，正人先正己，從我們做起，當好表率。要嚴格要求自己的親屬、子女和身邊的工作人員，凡是涉及親友的問題，要做到不庇護、不隱瞞、不説情，用黨性作爲行爲的準則，嚴格執行已經擬定的廉潔自守的規定。

我們在廉政建設方面，也要無愧于共産黨人的光榮稱號！

從政雜談

（一九九〇年三月）

福建省領導科學研究會約我來談青年領導幹部如何幹好工作的問題。對這方面我沒有專門研究，祇能零星地談一點自己在從政過程中學習和實踐的體會。如果要起個題目，就叫做《從政雜談》吧。

“芝麻官”千鈞擔

古時候，人們以“七品芝麻官”來喻指縣令的官微權輕，有貶損之意。其實，當好一縣之長何嘗容易。我曾擔任過縣委書記，每與同行談起，大家總有一致的感慨：官不大而責任不小。

如果把國家喻爲一張網，全國三千多個縣就像這張網上的紐結。“紐結”鬆動，國家政局就會發生動蕩；“紐結”牢靠，國家政局就穩定。國家的政令、法令無不通過縣得到具體貫徹落實。因此，從整體與局部的關係看，縣一級工作好壞，關係國家的興衰安危。

一個縣也可以説是一個小社會。“麻雀雖小，五臟俱全”，中央有什麽機構，縣一般也有與其大體相對應的部門。縣一級工作，從政治、經濟、文化到老百姓的衣食住行、生老病死，無所不及。有人説，縣級工作，除了外交活動外，國家各項事務無所不有。其實，有時候縣裏也會遇到接待外賓的事情，隨着開放程度的提高，外賓比肩接踵而來也是可期待的。縣級領導還得真懂一點外交。一個縣小則十幾萬人，大則百把萬人，一個决策下去，其影響非同小可，來不得半點含糊。海瑞在他的《令箴》中説：“官之至難者，令也。”此意即最難做的官是縣官。因此，縣級領導必須有各方面的知識和很强的能力，否則難以勝任。

古人云：“宰相起于州部。”我們黨和國家的許多高級領導人也都有豐富的基層工作經驗。縣級崗位是鍛煉和培養幹部的好課堂。現在從事縣級領導工作的同志，要十分珍惜在崗機會，努力學習，積極工作，刻苦磨煉，積累經驗。

青年幹部四忌

青年幹部是黨的事業的希望。青年幹部精力充沛，年富力强，熱情高，有闖勁，但也有許多短處。在成長過程中應揚長避短，特别要注意四忌：

一忌急于求成。許多青年幹部走上領導崗位，有一股狠狠砍幾“板斧”，扭轉一下局面的虎勁。這種工作熱情和想獲得社會承認的動機是好的。但如果在情況不明、心中無數的時候，求成心切，操之過急，也容易違背科學，脱離實際。“治亂繩，不可急”，急于求成本身就孕育着失敗的危險。

常言道：“新官上任三把火。”“三把火”該不該燒，什麽時候燒適宜，都要從實際出發。要多深入群衆，多做調查研究，弄清事情的來龍去脉，而後審時度勢，該燒則燒，不該燒决不要趕時髦，勉强“燒火”。所謂“不實在于輕發”，意即做事不踏實，常由輕舉妄動所致。當然，某地方有個急迫棘手的問題，上級要你去攻堅，短期内拔掉“釘子”。在這種情況下，燒它三把火是可以的，也可能取得一定的成效。但即使這樣，也要以情況明爲前提。如果是上級派你到某個地方去工作，要你幹上三年五年，這時候，看的就不是你的“三把火”，而是你的“過山勁”了。我認爲，青年幹部不能衹熱衷于做“質變”的突破工作，而要注重做“量變”的積纍工作。我贊賞“滴水穿石”的精神，贊賞默默奉獻的精神，提倡幹部埋頭苦幹，着眼于長期的、爲人鋪墊的工作。因爲事物的發展變化是一個漸進的過程，質變要有量變的積纍。比如閩東的落後狀况是歷史形成的，改變閩東的落後面貌不能靠一朝一夕之功，而需要有一股韌勁。没有鍥而不捨的毅力，不願付出艱辛于他人數倍的努力，不靠一點一滴量的積纍，涓滴成流，聚沙成塔，是不能做成事業的。

二忌自以爲是。現在的青年幹部基本都受過中、高等教育，有一定的書本知識，但涉世未深，磨煉不足，缺乏經驗，容易産生“世人皆睡，唯我獨醒”的錯覺，以及輕視歷史經驗的傾嚮。歸根到底，書本知識衹是一種間接的知識，來源于千千萬萬勞動群衆實踐經驗的積纍總結。瞧不起歷史經驗，就是瞧不起群衆。脱離群衆，孤家寡人，你就一事無成。

從發展的觀點看，人的知識也有一個不斷充實的過程。任何一個人，即使智商很高的人，都不可能一次性就求到事物的“是”。即使求到了，也是一種階段性的“是”。所謂我們衹可能接近真理，永遠不可窮盡真理，就是這個道理。

憑一點階段性的“是”去處理無限過程的事，在認識論上要犯形而上學的錯誤，在實踐中要犯教條主義的錯誤。

無論從實踐的觀點，還是從發展的觀點看問題，青年幹部都必須切忌自以爲是。切忌自以爲是的最好辦法就是虛心向群衆學習，向老同志學習；以馬克思主義的唯物辯證法充實頭腦，自覺運用馬克思主義的立場、觀點和方法去觀察問題和處理問題。任何盲目的“自我感覺良好”，都會對真理產生排斥心理，使我們與真知灼見隔離，與成功無緣。

三忌朝令夕改。青年幹部初到任上，無論幹好幹壞，一段時間之後，都會聽到各式議論：贊頌、肯定者有之，懷疑、反對者有之。尤其是處理那種大衆矚目的熱點問題或處理那種個人負責占主導位置的急迫問題時，種種議論尤盛。青年幹部由于缺乏從政經驗，容易聽風即雨：贊頌、肯定，則喜形于色，堅定辦事信念；懷疑、反對，則受挫于心，甚至對自己處理問題的辦法疑慮起來，尤其是當議論來自當地德高望重的人、權威部門的人、名流學者，來自老同學、老同事、老戰友、老鄉親，來自對自己提携扶持的老領導時，有些青年幹部就無所適從，失去主見了。所以，有些青年幹部在處理問題時，往往早晨一種考慮，晚上一種意見，朝令夕改，自己難爲自己。

我想，“謀于前纔可不惑于後”。作出决策之前，先聽他個八面來風，兼聽各種意見，深入瞭解所面臨問題的本質，找出其規律，謀而後斷；一旦作出决議，在解决問題過程没有結束之前，不作主體更改。“臨大事而不亂”，“臨利害之際不失故常”，青年幹部要不爲一時議論所動，不爲一時揚抑所惑，不追趕時尚，不迎合潮流。隨着你堅定信念和正確决策爲更多的人所瞭解和理解，隨着問題的逐步解决，各種議論自然會慢慢平息。平息的過程也是你獲得承認的過程。

四忌眼高手低。書本知識多而實踐經驗少的同志，容易犯大事做不來小事又不願做的毛病，最後變成“客裏空”。孫中山先生説得好，一個人不要立志做大官，要立志做大事。但世界上没有孤立抽象的大事，大事全是由小事積纍起來的。“天下大事，必做于細”。在“做大事”上，青年幹部都要有一種老實的態度，甘做最普通的事，樂于扮演拾遺補缺、跑龍套的角色。衹有這樣，纔能不斷地積纍經驗，逐步獲得社會的承認，在平凡的工作中獲得不平凡的成就。

爲官四要

凡事都有其要領，爲官當領導作爲治理社會事務的一種社會職業，也是如此。自古以來，爲官之要領或稱之爲官之道一直受到人們的重視。戰國時的荀況說，執政者手中握有很大的權力，但僅憑權力并不能使天下自行安定，“安之者必將有道也”。爲官之道，對于我們黨的領導幹部來說，我體會到最重要的有四點：

一是爲官之本。爲官之本在于爲官一場，造福一方。造福一方就是造福于人民，這與我們黨的爲人民服務的宗旨同一個意思。現在社會上有一種偏激心理，認爲清高者不屑于爲官從政，不屑于與官爲伍；認爲官場多齷齪，爲官多不廉。我想，“官”作爲一種社會職業，同醫生、清潔工等社會職業一樣，都是社會的需要。“官”作爲一種社會職業，并無好壞可言。但爲官是有好壞之分的。因此，從做官的第一天起，就要思考爲什麽要當官和當什麽官這兩個問題。有些人入仕數十年，終爲名利所困，或一事無成，或身敗名裂。究其原因，是没有樹立正確的當官宗旨。舊社會，有的人十年寒窗潛心入仕是爲了光宗耀祖，青史留名；有的人鑽營官場，是爲了魚肉百姓，大發横財。在中國幾千年的文明史上，帝王將相何其多，但在百姓頭腦中留下記憶的也不過百來號人。李白、杜甫官不過五品，修建都江堰的李冰父子、設計趙州橋的李春，也非大官，魯班、黄道婆等更是與官無緣。可見，青史留名與官階并無本質聯繫，而是與做事相聯繫。如果當官衹是爲了圖個人私利，那麽，在政治上就會結黨營私，行爲上就會違背道德施欺騙邪惡之術，終難逃脱身敗名裂的下場。當官，當共産黨的“官”，衹有一個宗旨，就是造福于民。這是共産黨的“官”與舊社會的官的本質區别。造福于民要大公無私。衹有無私纔能無弊，無弊纔能爲政公平，使民安居樂業。造福于民，還要與民相知心，這就要切實改進領導作風，深入群衆，密切黨同人民群衆的聯繫。衹有這樣，纔能想群衆之所想，急群衆之所急，主動、及時地爲人民群衆排憂解難。造福于民，最重要的是做人民公僕，爲民辦實事。

二是爲官之理。爲官之理在于講奉獻。當共産黨的“官”要造福于民，就得講奉獻，做到先天下之憂而憂，後天下之樂而樂。這是由黨的性質和宗旨决定的。毛澤東同志説，共産黨是爲民族，爲人民謀利益的政黨，它本身决無私利可圖。如果想當官又想發財，那是十分危險的。有些人當了官，就以權謀私，結果是一失足成千古恨。陳毅同志不是早就説過“手莫伸，伸手必被捉”嗎？想通過當共産黨的“官”來發財，黨紀不容，國法不容。古時候説“無官一身輕”。想當官又想圖清福也是辦不到的。當官要負責任，任務没有完成要找你，有困難要找你，出了事故要找你。甚至老百姓心中有怨氣，想駡人也是駡當官的。我認爲認認真真地當好共産黨的“官”是很辛苦的。我也没有聽到哪一個稱職的領導人説過當官真舒服。既然這樣，爲什麽還有人要當官呢？從社會角度講，官是一種職業，必須有人去做。從個人角度講，當官是服從黨的事業的需要。一個不圖私利，不圖清福，祇圖爲社會、爲人民多做貢獻，爲共產主義理想而奮鬥的人，在領導崗位上，即使工作苦些、累些，他的心裏也是充實的，這種充實感對他來説就是一種無窮的樂趣。

三是爲官之德。爲官之德在于清廉。爲官一場最起碼應留個清名。持身必須以清廉爲準則，凡利禄名譽“苟非吾之所有，雖一毫而莫取”。當官做領導，手中握有一定的權力，因此在錢財、名利問題上犯錯誤的可能性總會比一般人大。如果平時不刻意“慎獨”，不注意防範“找上門來”的錯誤，老是懷着僥幸心理去爲不可爲之事，非栽跟斗不可。當領導要以德服人。恩格斯在《家庭、私有制和國家的起源》中分析原始社會酋長在氏族内部的權力特徵時説，“酋長在氏族内部的權力，是父親般的、純粹道德性質的”，它“以自己的榜様來影響别人”。道德榜様的影響力不能忽視，現代領導人應更懂得這個道理。如果共產黨的領導幹部在艱苦奮鬥、廉潔奉公上不成爲榜様，就無法在人民群衆中樹立威信。

四是爲官之義。爲官之義在于明法。這裏講的義，不是指江湖義氣，而是指維護公正，伸張道義。無明法不足以正紀綱，無紀綱就不能護公正，張道義。北宋包拯認爲："法令既行，紀律自正，則無不治之國，無不化之民。"現在有些領導幹部事事老好人主義。老好人主義從本質上説，就是没有爲官之義。没有爲官之義，使法度變得模糊不清，紀綱變得鬆懈無力。没有爲官之義的原因在于私蔽心竅。因此，祇有爲官者"寸心不昧"，方能使"萬法皆明"。法度明，紀綱正，大治之勢必成。事實證明，哪裏的領導秉公辦事，不畏權貴，執法嚴明，那裏的正氣就上升，事情就好辦。

念好"人才經"

如何選用人才，是領導者的一個十分重要的問題。列寧説："要研究人，要發現有才幹的工作人員。現在關鍵就在這裏；不然的話，一切命令和決定不過是些骯髒的廢紙而已。"我在河北正定縣工作時，縣委提出，福建念"山海經"，青海念"草木經"，我們正定念"人才經"。"人才經"，可以用知、舉、用、待、育五個字來概括。

"知"就是識别人才。這個問題包括什麽是人才和如何識别人才兩個方面。我國古代謂德、量、才、志、績者爲人才。所謂德，主要指政治操守好。現在對德的要求，可以用毛澤東同志的一句話來概括："懂得馬克思列寧主義，有政治遠見，有工作能力，富于犧牲精神，能獨立解決問題，在困難中不動摇，忠心耿耿地爲民族、爲階級、爲黨而工作。”所謂量，是指能接受正確意見，容納賢才。所謂才，是指才能，有創造力，有駕馭能力和應變能力。所謂志，是指志嚮遠大，意志堅定，有韌勁。所謂績，就是政績，在工作中，能奮發有爲，盡心盡力，有所建樹，人民群衆能各得其所，安居樂業。有了識别人才的標準，還要有識别人才的方法。《吕氏春秋·論人》中把知人之法概括爲“八觀六驗”。“八觀”中有“聽其言而觀其行”，這一點，非常重要。現在有些人喜歡誇誇其談，而行動上老打折扣，用形式主義的一套來應付你。用了這種人就要誤事。“六驗”中有“苦之以驗其志”等，這對我們都很有借鑒意義。閩東是一個窮地方，需要一批能吃苦、講奉獻的人去工作。我們對閩東幹部的評估不是注重于他近期内做出多少醒目的成績，而是注重于他是否盡心盡力去做長期性、鋪墊性的工作。一個貧窮的地方，你想一朝一夕就改變它的面貌是不現實的，衹要你講奉獻，盡心盡力，就是一位好同志。

“舉”就是薦納人才。薦納人才强調尚賢事能，也就是“唯才是舉”、“任人唯賢”。薦納人才最忌“任人唯親”、論資排輩和囿于地域之見。《墨子·尚賢》中主張舉才不黨父兄，不偏富貴，不嬖顔色；《明良論》中龔自珍抨擊官場中論資排輩之弊；《諫逐客書》中李斯力陳囿于地域的用人之害，其論述都極有見地。我認爲，共産黨的選人標準衹有一個，就是四化標準，講五湖四海，看政績。不管你是哪個地方人，衹要符合四化標準，就舉用你，不管你資歷深淺，衹要辦事能力强，就舉用你。

“用”就是量才授任。用人如用器，用其長，而不强其短。反過來説，“尺有所短，寸有所長”，不能以僵化的標準衡量人才。俗話説，馬跑千里，不宜犁田；舟可渡河，却不能用于陸地代步。人才放錯了位置，有可能成爲垃圾。陳雲同志在談到善用人才時曾經强調，要“堅持人事兩宜的原則，用人得當，適得其所”。

“待”就是尊重人才。尊重人才要尊重他們的個性、創造性，不要壓抑和埋没他們的才能；要關心、愛護人才，不能“又要馬兒跑，又要馬兒不吃草”；要信任他們，不能委之以事權之後，又濫加猜疑，否則，會導致上下離心離德，無法工作。唐朝魏徵説過，“君能盡禮，臣得竭忠……上不信則無以使下，下不信則無以事上。”這句話去除封建糟粕，是可以吸取的。

“育”就是培養人才。得賢，必須以培育人才爲前提，“不養士而欲求賢，譬猶不琢玉而求文采”。我認爲，一個成熟的領導者是善于培養人才的，因爲是否重視培養人才是關係百年大業是否後繼有人的問題。培養人才，一要精心扶植，二要嚴格要求，三要大膽使用。

領導者的修養

古時候把理政治國之道概括爲“修身齊家治國平天下”。這裏，“修身”位居其首。所謂“修身”，就是修養的意思。領導者的修養，我想主要有這幾條：

一要有黨性觀念。共產黨的黨性集中表現爲全心全意爲人民服務。馬克思説，無產階級衹有解放全人類，纔能最後解放自己。共產黨是無產階級的政黨，黨的性質决定了黨的領導幹部必須全心全意爲人民服務。所以，談領導者的修養，第一條就是要增强爲人民服務的黨性觀念。這個觀念没有樹立起來，其他都無從談起。增强爲人民服務的黨性觀念，最有效的辦法就是深入基層，深入群衆。列寧説：“我們如果願意仍然成爲社會主義者，就應該到更下層和更低層中間即到真正群衆中間去。”因爲深入基層，深入群衆，本身就是爲人民服務的一種最直接的辦法。1988年底，在寧德地委工作會議上我們提出改進領導作風。後來，這個提法具體化爲“四下基層”，即：宣傳黨的路綫、方針、政策下基層，調查研究下基層，信訪接待下基層，現場辦公下基層。

許多幹部下到最邊遠、最貧困的地方去，親身體驗到群衆的疾苦，思想感觸很大，回來後都説憂患感增强了，責任感增强了。我説這是黨性觀念增强了，修養提高了。

二要有度量。“量小非君子，德高乃丈夫。”一個人的成就大小看才能，才能發揮得如何則看他的度量。司馬光説：“天下之事未嘗不敗于專而成于共。”我認爲這句話很有見地，專擅則狹隘，狹隘則離散，離散則困窘；協力則廣博，廣博則通暢，通暢則能成功。心胸狹窄的人，一味堅持自己的主張，而不能吸收别人的合理意見以擴大自己的眼界；一味以功臣自居，而不能用賢能以增加自己的力量；老擔心着别人超過自己，而以攻擊、詆毁别人來抬高自己。共産黨人以解放全人類爲己任，無所謂個人之名利，爲人梯也好，爲鋪路石也好，要從黨的使命，從歷史實踐的過程來思考這個問題。

三要有氣節。縱觀人類歷史，凡有成就者，必有高風亮節。馬克思就是在他一生中最貧困潦倒的時期寫成《資本論》的。他在1852年2月給恩格斯的一封信中寫道：“一個星期以來，我已達到非常痛快的地步：因爲外衣進了當鋪，我不能再出門，因爲不讓賒賬，我不能再吃肉。”即使這樣，馬克思也没有屈服，没有停止工作。不畏艱難困苦，衹爲主義真，這就是無産階級革命家的氣節。我國古代，孔子以

“三軍可奪帥也，匹夫不可奪志也”贊揚不畏强暴的精神；孟子把“富貴不能淫，貧賤不能移，威武不能屈”看作爲人處世不可少的氣節。我認爲，高尚的氣節是每一個領導者所應有的品質。没有氣節，就没有了脊梁骨。講氣節，要防止迂腐。孔子有個學生在戰場上與敵人拼殺，頭盔上的纓被擊落了，他認爲這有損氣節，于是放下武器，寧願讓敵人刺死，也要撿起纓繫在頭盔上。這是多麼的迂腐。在原則性問題上要講氣節，在一些非原則性問題上要講策略。

四要誠實。就是要説老實話，辦老實事，做老實人。老實人會不會吃虧？有人説老實人吃虧，我不這樣認爲。實事求是是馬克思主義的靈魂，把實事求是精神貫徹到爲人處世上，就是説老實話，辦老實事，做老實人。不實事求是，不老老實實按客觀規律辦事的人，有時也可能撈到便宜，但最終是要碰壁吃虧的。這是歷史經驗的總結。説老實話，辦老實事，做老實人，首先要一切從實際出發，尊重事實，尊重科學，敢于堅持真理，遇事不隨風倒。不唯上，不唯書，祇唯實。其次，要多做少説，或祇做不説。古人説，品行要從自己的行動中表現出來，名聲則需要别人認可纔能樹立。“慧者心辯而不繁説，多力而不伐功，此以名譽揚天下。”做了一些貢獻，有了一些成績就誇誇其談的人，得不到好名聲。再次，是以誠待人。這種人，領導願意用，同事願意和，部下願意跟。

五要有氣魄。領導者的工作包羅萬象，而且情況紛繁複雜，千變萬化。這就要求領導者有快刀斬亂麻的氣魄，否則，事事猶豫不决，當斷不斷，就會貽誤工作。但領導者的氣魄，用恩格斯的話説，不是脱離客觀規律的盲目衝動，而是“借助于對事物的認識來作出决定的那種能力”。領導者要培養氣魄，提高工作自由程度，唯一辦法就是按照恩格斯所説的，深入實際，獲得對外部世界必然性的認識。祇有這樣，纔能果斷、大膽、正確地處理好各種錯綜複雜的問題。

共産黨人的修養不是靠面壁坐禪獲得，而是靠實踐的積纍、升華；共産黨人的成功不是靠神仙上帝賜予，而是實踐的必然結果。馬克思説，無産階級在改造世界的同時也改造自己。共産黨人在改造世界的社會實踐中提高修養，同時也獲得事業的成功，這就是我們常説的“修行靠實踐，功到自然成”。在實踐中提高修養，在實踐中獲得成功，是共産黨人建功立業應遵循的重要原則。

秘書工作的風範

——與地縣辦公室幹部談心

（一九九〇年三月）

辦公室，是一個單位、一個系統、一個機構的關鍵部門。辦公室工作如何，對黨委乃至一個地方全面的工作影響很大。因此，每個地方的領導都非常關心、關懷和關注辦公室工作。“運籌于帷幄之中，決勝于千里之外。”辦公室工作做好了，各項工作的順利開展也就有了可靠保證。

一、辦公室工作有四個特點。

我曾經在中央軍委辦公廳作過秘書工作，和大家一樣，是同行。以後又相繼在縣、市、地區黨委或政府中工作，和辦公室的關係十分密切。對于辦公室工作，我體會最深的有四個字：

一是“重”，地位重要。辦公室工作任務概括起來有三個：一個是決策的參謀、智囊作用；一個是對上對下的服務；一個是機要、保密工作。這幾項任務都很重要。鄧小平同志在一九七五年搞整頓時就講過，一個地方工作要抓住幾個人，辦公室主任、公安局長、組織部長。這説明了辦公室工作的重要性。因爲它是決策的參謀部，始終圍繞着首腦機關工作。參謀工作水平高，能推進黨的方針、政策的順利貫徹實施；水平低，就會影響全局工作，甚至造成嚴重後果。辦公室對内掌握首腦機關的核心機密，泄露了重大機密，就會給黨和國家造成損失。即使是我們地區一個保密的人事問題，泄露了也會影響領導班子的團結，使事情變得複雜起來。辦公室對外還起一個“窗口”作用。基層的同志，外來的同志對我們地區的印象如何，對班子的印象如何，很大程度上同辦公室的工作相聯繫。辦公室工作出色，人家就會説這個地方工作真不錯；辦公室同志如果工作得很草率，或者是作風態度生硬粗暴，人家就會説這個地方的工作很糟糕。所以辦公室工作與全局工作密切相關。

二是“苦”，非常辛苦。辦公室每一位同志都是很辛苦的，整天有幹不完的事，經常加班加點，甚至通宵工作。連星期六也難以休息。趕寫材料的秘書更辛苦，工作强度很大，超過了一般部門的工作量。東漢劉禎的兩句詩“馳翰未暇食，日昃不知晏；沉迷簿領書，回回目紛亂”把秘書人員埋頭文稿，忘記用飯，不知早晚，頭昏眼花的狀况描寫得十分形象。

三是“雜”，事務繁雜。辦公室工作，巨至國家大事、重要决策，細至室内衛生、幹部生活；上至接待首長領導，下至聯繫平民百姓；内至核心機密，外至社俗民情，什麽都要參與瞭解。就内部分工來説，有調研、信息、查辦、信訪、接待、機要、檔案、文印、收發等各項工作。辦公室幹部每天都要處理好幾件、幾十件、百多件事情，弦綳得緊緊的，猶如“山陰道上，應接不暇”。

四是“難”，難度很大。辦公室工作是全方位、開放型的。既要處理好上下左右、方方面面的關係，又要適應領導的工作風格和方法，搞好領導班子的服務工作。領導交辦的事情千頭萬緒。這些事有的是刻不容緩，馬上就要落實的，有的則是常抓不懈，時時要催辦、督促的。要把握好輕重緩急，做到不遺漏、不誤事，確也很費腦筋，神經始終處于高度緊張狀態。同時，辦公室日常事務繁多，出成績時大家可能是無名英雄，寂寂無聞；在遇到問題時，可能成爲矛盾的焦點，嘗盡酸甜苦辣。有時候還得代人受過，委曲求全。這方面來講，也確實是比較難的。可以説每一項工作都凝結着辦公室同志的心血。

二、對辦公室工作提三點希望。

辦公室工作怎麽搞？這個問題大家最有發言權。我衹是從個人的體會和工作的角度提三條希望。

第一個希望：要有高度的責任感。辦公室的工作牽動全局。這就要求辦公室幹部要具備强烈的事業心、嚴肅認真的工作態度和一絲不苟的工作作風。辦公室工作涉及大量機密，每一份文件傳達到什麽範圍，都有具體規定，决不能馬虎從事。特别是有些事情涉及政治、經濟情報，就更要有高度的責任心，養成保持沉默的習慣，不得出去亂傳亂説。辦公室工作一定得細緻。古人云“一字之失，一句爲之蹉跎；一句之誤，通篇爲之梗塞”。辦公室起草的文件，并不要求文字要多優美，但一定要嚴謹，這要求决不過分，因爲這直接關係到工作决策問題。因此，我們還得培養、選調一些文秘寫作能手，使領導在遣詞造句上不用再花費腦筋，這是最起碼的要求。今後送領導看的東西，除時間緊另當别論外，都應該是經過謄清的。這一道手續不要認爲是多餘。一篇文稿如果七删八改，亂到誰改最後一稿也弄不清楚，這裏就有個負責任的問題。所以一定要有一套基于高度責任心和强烈的事業心的嚴謹作風。

辦公室是一個單位的首腦機關，時時處處要起表率作用。各方面工作包括待人接物、清潔衛生、機關面貌都要注意。領導同志的秘書是辦公室成員之一，經常傳達領導意圖并代表領導處理一些事情。他們的工作如何、作風好壞，直接反映了領導機關的精神面貌。因此，辦公室要關心他們的政治、工作表現。表現不好的要批評教育，要讓他們經常匯報思想，匯報工作。作爲領導的秘書，祇是工作的需要，并没有政治上的特權。總的來講辦公室是一部完整的機器。這部機器要有明確的責任制、嚴格的管理、科學的辦法，使辦公室幹部静有其位，動有其規，各司其職，各負其責，做到反應靈敏、運轉迅速，適應各方面的需求。

第二個希望：要高效率開展工作。辦公室每天都要處理許許多多的日常工作事務，解决上下左右、方方面面的各種矛盾和問題。這就需要我們不斷提高工作效率。否則，就不能很好地搞好“三個服務”，影響全地區工作的大局。如何提高工作效率，我認爲必須學會運用辯證法，分清層次，認真思考，“審大小而圖之，酌緩急而布之，連上下而通之，衡内外而施之”。這就是説，要發揮辦公室的整體效能，權衡大事小事、急事緩事，抓大事不放，抓急事先辦；溝通上下左右，做到上情下達、内外有别，使各項工作有條不紊地進行。

辦公室還有一個重要工作就是發揮參謀作用，及時提出决策建議，并能把領導的决策化爲具體意見。如果我們辦公室能够綜合四面八方的情况，并進行分析，像國外“智囊團”那樣，經常提出一些重大的决策建議，就能爲領導迅捷進行决策選擇提供便利。當前，我們經濟建設和社會工作上的難點、熱點問題很多，很需要加强調查研究，有針對性地提出分析問題以及解决問題的方法措施，提供各級領導决策參考。

第三個希望：實行高水平服務。服務是辦公室的一項重要工作。首先要增强超前服務和事後服務意識。例如召開地、縣重要工作會議，辦公室同志要提前到位，尤其是辦公室主任、會議記録人員、勤雜事務人員一定要先到場做好會前準備工作，會議結束後還要撰寫紀要、文件，檢查落實反饋情况等。其次，服務要及時周到。做到能够爲領導釋流减荷，分憂解圍。第三，服務還要高度負責，一絲不苟。例如辦公室實行24小時值班，這是個嚴格的制度，每分鐘都不能離開，不能有空檔，否則在這空檔出現了緊急情况或重大突發性事件就會釀成責任事故。第四，服務不僅要勤、要誠，而且要靈活。例如接待工作，就得下一番功夫。要建立一套接待制度，組織一套接待班子，還要有一套統一的對外宣傳材料和匯報口徑。今後可以由專人負責匯報情况，陪同參觀；伙食按規定標準，突出地方特色，每個縣都可以搞個地方菜譜；既有特色又省錢；既不超過規定，大家又吃得滿意，瞭解了地方飲食文化，何樂而不爲呢？地縣領導按規定安排出面活動，儘量減少一般性應酬；對賓客生活服務要周到熱情，努力做到設身處地，急人所急，解人所難。

三、秘書人員應當加强修養。

秘書是個特殊的職業。許多人認爲，秘書工作最突出的特徵是當配角。我看這句話説得也對也不對。説得對，是因爲秘書確實幹的是輔助性、鋪墊性工作，是領導的助手。説不對，是因爲秘書的活動面比舞臺上的配角更窄，它没有臺詞，没有亮相機會。秘書的工作性質，决定了他要正確對待名利榮辱，樹立無私奉獻的精神，不斷加强和深化自身的修養。

如何加强自身修養呢？宋代吕本中寫了個著名的《官箴》，講到當官必須注意三事：清、慎、勤。我想，假如我們賦以時代的内容，這也應該是辦公室幹部，特别是領導秘書的最基本要求：即一要“清”，公正廉潔，兩袖清風；二要“慎”，周密考慮，謹言慎行；三要“勤”，勤奮好學，刻苦上進。當然，這三個要求都要建立在從政治、思想上同黨中央保持一致的前提下。作爲秘書人員，隨時隨地都要加强學習，學習馬列主義、毛澤東思想，學習黨的路綫、方針、政策，學習時事，不斷提高自己的理論素養和政治水平。

秘書的特殊性工作，光有埋頭苦幹的精神還是不够的。就我個人體會，秘書在加强自身修養中，還要特别注意培養良好的工作作風，注意生活小節，即要努力做到“五不”：

一不自恃。不能認爲“機關牌子大、領導靠山硬”而有所依仗、有恃無恐，更不允許濫用領導和辦公室的名義謀取個人私利。

二不自負。要剋服優越感，堅决防止對基層幹部群衆盛氣凌人、態度傲慢、頤指氣使、發號施令的現象。

三不自詡。防止自我表露、吹嘘炫耀，特别是涉及領導個人的工作和生活，不能隨意張揚，妄加評論；對于黨的内部機密，更應當守口如瓶。

四不自卑。剋服自輕自賤、自慚形穢的心理，不能“口將言而囁嚅，步將行而趑趄”，防止唯唯諾諾，没有個人主見的現象。

五不自以爲是。不能想當然，隨意删節、更改或補充領導的指示，防止粗心大意、敷衍塞責、玩忽職守的現象。

總之，秘書人員要經常檢查自己思想、工作“到位”情況，不能“離位”，更不能“越位”。在處理同領導的關係中，力求做到“參與而不干預、協助而不越權、服從而不盲從”。我想衹要把握好這個“度”，就能成爲一個合格的稱職的秘書。

四、地縣黨委都要支持辦公室工作。

作爲地方黨委的領導，對辦公室工作要在理解、信任和尊重的基礎上纔談得上支持使用。

首先，要把黨委辦公室工作擺上重要位置，地縣黨委每年都要專門安排會議研究辦公室工作，幫助辦公室解決實際問題。地縣的主要領導同志還應當經常和辦公室同志溝通思想，研究工作，傾聽大家的意見，采納大家的建議。

其次，要關心辦公室的隊伍建設。現在，辦公室幹部存在“難選、難調、難提”的現象，“難選”就是政治水平高、文字綜合表達能力强的幹部難找到。即使物色到表現較好的同志，也由于種種客觀原因還是難以到辦公室工作，這就是“難調”。而有些長期在辦公室工作，任勞任怨，勤勤懇懇，各方面表現出色的幹部，由于受職數的限制，難以提拔。針對上面存在的問題，領導一定要下决心加以解决。一是要嚴格把好進出關。進人不能“將就”。調進同志一定要政治可靠，品質優秀。應該强調，凡本地區内合適的人選説調就調，决不允許講價錢，也不許受部門或地域的限制，切實解决“難選、難調”問題。組織人事部門也應該大膽提拔和使用合格的辦公室幹部，要解决辦公室工作人員沉澱問題。辦公室决不能搞照顧，不適應辦公室工作的同志就要馬上調换。如果辦公室工作人員作風散漫、自由主義，政治和業務素質低，就會影響和損害一級黨委部門的形象。但辦公室骨幹的進出應向地、縣委主要領導匯報和通氣。總之，要加强辦公室的隊伍建設，保證辦公室幹部的生氣和活力，使辦公室的工作始終在較高的水平上運轉。

第三，要關心辦公室同志的學習、生活和政治進步，一方面在工作上爲大家創造有利的條件，比如組織幹部出去學習、參觀，衹有多瞭解外部情況，纔能提高政策水平。辦公室工作很忙，但也要考慮大家定點學習，脱産學習。另一方面，在生活上要關心大家的疾苦。辦公室同志工作很辛苦，生活很清苦，家裏負擔很重。但大家又都很自覺，憑着對黨的一片赤誠，對工作的認真負責，默默奉獻。越是這樣，當領導的越應該關心辦公室同志，特别是在子女上學、住房緊張、生活困難等問題上盡可能爲大家排憂解難，解除後顧之憂。

滴水穿石的啓示

（一九九〇年三月）

滴水穿石的自然景觀，我是在插隊落户時便耳聞目睹，嘆爲觀止的。直至現在，其鍥而不捨的情景仍每每浮現在眼前，我從中領略了不少生命和運動的哲理。

堅硬如石，柔情似水——可見石之頑固，水之輕飄。但滴水終究可以穿石，水終究赢得了勝利。

喻之于人，是一種前仆後繼、勇于犧牲的人格的完美體現。一滴水，既小且弱，對付頑石，肯定粉身碎骨。它在犧牲的瞬間，雖然未能看見自身的價值和成果，但其價值和成果體現在無數水滴前仆後繼的粉身碎骨之中，體現在終于穿石的成功之中。在整個歷史發展進程，在一個經濟落後地區發展進程，都應該不追慕自身的顯赫，應尋求一點一滴的進取，甘于成爲總體成功的鋪墊。當每一個工作者都成爲這樣的“水滴”、這樣的犧牲者時，我們何愁于不能造就某種歷史的成功契機?!

喻之于事，則是以柔克剛、以弱制强的辯證法原理的成功顯示。我以爲“水滴”敢字當頭、義無反顧的精神彌足珍貴。我們正在從事的經濟建設工作，必然會面臨各種錯綜複雜的局面，是迎難而上，還是畏難而逃，這就看我們有没有一股唯物主義者的勇氣了。戰戰兢兢，如臨深淵，如履薄冰，那就什麽也别想做，什麽也做不成。但僅有勇氣還是不够。一滴滴水對準一塊石頭，目標一致，矢志不移，日復一日，年復一年地滴下去——這纔造就出滴水穿石的神奇！我們的經濟建設工作又何嘗不是如此。就拿經濟比較落後的地區來説，她的發展總要受歷史條件、自然環境、地理因素等諸方面的制約，没有什麽捷徑可走，不可能一夜之間就發生巨變，祇能是漸進的，由量變到質變的，滴水穿石般的變化。如果我們一説起改革開放，就想馬上會四方來助，八面來風，其結果，祇能是多了不切實際的幻想，少了艱苦奮鬥的精神；如果我們一談到經濟的發展，就想到蓋成高樓大廈，開辦巨型工廠，爲追求戲劇性的效果而淡漠了必要的基礎建設意識，那終究會功者難成，時者易失!

所以我們需要的是立足于實際又胸懷長遠目標的實幹，而不需要不甘寂寞、好高騖遠的空想；我們需要的是一步一個脚印的實幹精神，而不需要新官上任祇燒三把火希圖僥幸成功的投機心理；我們需要的是鍥而不捨的韌勁，而不需要“三天打魚，兩天曬網”的散漫。

我推崇滴水穿石的景觀，實在是推崇一種前仆後繼，甘于爲總體成功犧牲的完美人格；推崇一種胸有宏圖、扎扎實實、持之以恒、至死不渝的精神。

把心貼近人民

——談新形勢下領導的信訪工作

（一九九〇年四月）

信訪部門是黨和政府聯繫群衆的橋梁，是溝通民情的窗口。唐朝陳子昂有一句詩：“聖人不利己，憂濟在元元。”意思是説，高尚的人，不追求一己之利，他所關心、濟助的是普天下的老百姓。對封建王朝的中央大員來説，有此番見解確乎難能可貴，衹是他依然視自己爲“聖人”、救世主，依然是一副居高臨下的姿態。我們共産黨的幹部是來自人民，爲了人民的，在信訪中傾聽人民的呼聲，瞭解人民的願望，汲取改進工作和作風的營養，“關心、濟助”每一個需要關心濟助的人，是我們的責任，也是我們的義務。信訪工作的首義，在于時刻把自己看成人民中的一員，把心貼近人民。

信訪，顧名思義就是處理群衆來信，接待群衆來訪。現在閩東地、縣各級已經制定了約訪制度，安排了領導接訪日。但是否做到“有信必復，有訪必答”就行了呢？我看，還不行。因爲這僅僅是被動性的信訪，同新時期工作的要求以及群衆對各級領導的希望，還有一定的差距。在新形勢下，各級領導必須放下架子，打掉官氣，主動上門，把信訪工作做到基層，把黨的關懷和政府的濟助送進普通群衆的家庭。

領導上門走訪，可以改進工作作風，剋服官僚主義。列寧曾經深刻指出：“在人民群衆中，我們到底是滄海一粟。祇有我們正確地表現人民所意識的東西時，我們纔能管理。”但我們確實有一些領導同志，忘記了聯繫群衆的優良傳統，曲解了黨的領導的含義，習慣于居高臨下發號施令，還有一些同志，陷入“文山會海”不能自拔，很少深入基層，在自己和群衆之間形成了有形或無形的障礙。這樣，群衆的意見和要求不能及時反映上來，黨和政府的政策、决定也不能迅速貫徹下去。

各級領導到群衆中走訪，“視其所以，觀其所由，察其所安”，瞭解和熟悉他們工作和生活的狀況，就可以從根本上防止這種命令主義、官僚主義的弊病。我們提倡各級領導帶任務、帶問題深入基層，解剖麻雀。通過深入基層，提高領導機關的辦事效率，有利于把問題解决在源頭，把矛盾消弭在萌發狀態；同時，要積極做好群衆的宣傳、發動和思想教育工作，改進各級領導的工作作風，使黨的方針、政策真正落到實處。

領導上門走訪，可以擺正同群衆的關係，牢固樹立全心全意爲人民服務的思想。地、縣各級領導幹部，不論職務高低，都是人民的公僕，都要把群衆的冷暖安危放在心上。“致理之要，惟在于安民，安民之道，在察其疾苦而已。”黨的好幹部焦裕禄經常深入農村，深入農户，深入最窮最苦的地方。他帶領縣委委員到火車站看望逃荒的灾民，在大雪封門的時候還要求縣委幹部走出辦公室到農民家裏去發現情况，解决問題。他一頭鑽進農民低矮的茅屋，坐在農民的床頭，自稱是農民的兒子。我們閩東也是貧困地區，每一個黨員幹部特别是擔負一定領導責任的同志，都應當同焦裕禄同志作個比較，經常想一想，自己爲人民服務是不是做到“完全”、“徹底”了；自己在職權範圍内，爲群衆辦了哪些好事，解决了哪些困難；在對待“位子、票子、房子、妻子、孩子”等問題上，是打個人小算盤，還是與群衆同甘共苦等等。祇有心中裝着群衆，事事爲人民打算，纔能得到群衆真心實意的支持。

領導上門走訪，可以傾聽群衆呼聲，自覺接受群衆監督。改革開放以來，地、縣各級工作都取得了很大成績，但也存在這樣或那樣的問題。這在客觀上就要求我們注意聽取群衆呼聲，自覺地接受他們的批評和監督。對于人民群衆正確的意見，要及時采納，以推進當前工作；對于不正確意見，要分別情况，進行耐心細緻的解釋教育。現在，有一些同志聽不得一點批評意見，更不願作自我批評，甚至向提意見的群衆“戴高帽”、“穿小鞋”、“揪辮子”、“打棍子”，這是黨的紀律絶對不允許的。“功成理定何神速？速在推心置人腹。”衹要各級領導能够與群衆結友交心，赤誠相見，堅持從群衆中來，到群衆中去，我們的工作就會越做越好，我們的事業就會興旺發達。

領導上門走訪，也是團結群衆、穩定大局的需要。鄧小平同志曾經説過，人民跟着共産黨幹什麽？一求翻身解放，二求富裕幸福。經過四十年的建設，我們閩東地區和全國各地一樣，在經濟、社會發展上取得了很大成就。但由于各種原因，一些山區縣、鄉農民的生活離“富裕幸福”的要求還有很大的差距。對于一些縣、鄉的貧困，在當前地方財政還比較困難的情况下，我們的一些同志不能老是“長太息以掩涕兮，哀民生之多艱”，而是要積極想方設法，根據群衆的反映和要求，努力爲他們多辦事，辦實事，辦好事。必須明確好事、實事的概念：扶持經濟發展，幫助群衆富裕起來，是好事、實事；弘揚社會正氣，打擊害群之馬，豐富群衆業餘生活，創造良好社會環境，文明、和睦、和諧、安定，也是實事、好事。解决群衆衣食住行之苦，生老病死之需，是實事、好事；甚至遠處僻土深山的群衆買不到燈泡、肥皂這類針頭綫腦的小事，得到我們的關心、解决，也是實事、好事。爲群衆辦實事，説起來容易，辦起來難；做一件、做一天容易，堅持到底難。我們要分清輕重緩急，以“滴水穿石”的精神，一件一件地辦，堅持不懈地辦，努力讓群衆理解、諒解、高興和滿意。

把握住新的機遇*

（一九八八年十月）

治理整頓向我們提供了新機遇

◎記者：在采訪中，聽到當地幹部、群衆有一些議論，認爲寧德地區沿海的“黄土地”前段時間由于種種原因没能趕上經濟大發展的“末班車”，現在想上又逢“收”了，因此，有些人感嘆生不逢時，地區領導對此是怎麽看的？

◎習近平：當前國家抓治理整頓，對寧德地區經濟的發展勢頭確有影響。但我們也看到，治理整頓對經濟不發達的地區同樣是不可缺少的。過去强調寧德地區是前綫，建國近40年來國家對這裏的投資僅占全省投資總額的4%，經濟基礎

* 這是接受《經濟日報》記者采訪時的談話，原載《經濟日報》1988年10月21日。

相當薄弱。不過，基建規模雖然不大，但小中有熱，小中有亂。盲目投資，思路不清，急于求成等不符合經濟規律的現象也不同程度地存在，這是發展經濟的障礙。所以，有必要抓治理整頓。

但是，我想强調的一點是，治理整頓不是改革要收、要停，而是爲深化改革創造良好條件，是爲了使經濟更順利、更健康地發展。所以，治理整頓對本地區的經濟不但不會産生消極的影響，而且給我們經濟不發達地區提供了發展的新機遇。寧德地區主要是山區，工業基礎差，但農業不差，可以説是念“山海經”、發展大農業的好地方。目前中央抓降温消腫，强調全黨全國都要重視農業，加强農業，政策會對我們發展農業體現傾斜；所以，對我們這個地區的發展是個新機遇。正是基于這種認識，我們制定本地區的發展戰略總體還是以發展農業爲主，充分開發山海資源，先把農業這個基礎培養起來，發揮好鄉鎮企業和林、茶、果以及水産品生産這三個方面的優勢，使廣大農民通過發展現代大農業脱貧致富，進行基本的積纍，穩步發展適合當地條件的生産體系。

還有一個情况是：寧德地區經濟之所以不發達，缺電和交通落後是重要原因。要發展工業和農業，實行對外開放，没有充足的電力不行。這裏水電資源豐富，過去搞了一批小型水電站，但是徑流發電，要受枯水季節的制約。目前國家調整産業結構，加强能源、交通和原材料工業，正是我們抓電和辦交通的好時機。我們正在籌備同省電網聯網和開發兩個大中型水電站，有把握抓好電。另一項就是抓交通，這裏不通鐵路，公路等級不高，老百姓稱爲“不三不四級”。我們計劃采取民辦公助的辦法提高現有公路等級，沿海104號公路要分段實施改造，在國家重點支持下争取七八年内拿下來。此外，就是抓碼頭建設和萬門程控電話。抓這些基礎建設，既符合當前治理整頓的精神，也爲今後我區經濟的發展騰飛準備了必要條件。

要淡化“貧困縣意識”

◎記者：你談的這些工作的確很有搞頭，但有些同志比比福州、厦門，覺得老比别人矮一截，提不起精神。

◎習近平：福州、厦門都是平坦地帶，幾百年的老商埠，城市基礎好，交通也便利。我們這裏是山區，山高水深，不能同人家盲目攀比。我是今年6月從厦門調過來的，有親身體會。厦門是什麽底子？搞開發區，國家重點投資三十億，硬要同它比就會泄氣。寧德地區被定爲全國18個貧困片之一，全區9個縣中有6個是貧困縣。平心而論，有的貧困縣如壽寧縣、屏南縣，日子是比較困難；而有的縣，大家戲稱它是“穿西裝的貧困縣”，也不是貧到那種地步。我同地區的其他領導討論過，“尺有所短，寸有所長”，“松柏何須羡桃李”，我們不是事事不如人。這裏是老蘇區，又是少數民族聚居地區，定爲貧困縣，政策上給優惠，一方面經濟確實落後，另一方面國家也有照顧的意味。我們要正確對待這個問題，人窮不能志短。不能因爲定爲貧困縣、貧困地區，就習慣于講我們縣如何如何貧困，久而久之，見人矮一截，提不起精神，由自卑感而産生“貧困縣意識”。比如到省裏開會，座位不敢靠前，發言拉在最後，嗓門不敢放大。我有個憂慮，就是“貧困縣”的帽子使某些人産生了不應有的“貧困縣意識”，影響脱貧工作開展。所以我提倡振奮精神，淡化“貧困縣意識”。一方面承認這裏條件差，經濟落後，不能同發達地區攀比，不能簡單比上項目，比發展速度。但另一方面也要看到，建國近40年來這裏同全國各地一樣，確確實實在進步，發生了巨大變化，如工業從無到有，形成了以輕紡工業爲主，以精、新、偏、稀産品爲特色，多門類的10億元産值的工業基礎。農業可以同省裏其他地區并駕齊驅，文教、衛生等都有長足的發展。這些發展不是瞬息巨變，而是滴水穿石，在比較差的條件和國家投資比較少的情况下取得的，是不簡單的。看到成績，看到自己的長處，增强自信心和自尊心，有利于繼續扎扎實實走自己的發展道路。

不能寄希望一下子抱一個“金娃娃”

◎記者：我們在采訪中感覺到，幹部群衆早日脱貧致富的願望非常强烈，希望能上一些大項目，如修鐵路，建大港口，辦開發區，從根本上一下子改變落後面貌。

◎習近平：修築從福州到温州的沿海鐵路，開發三都澳五十萬噸泊位良港，創辦賽岐開發區并發展成中心城市，是我區的三大經濟話題。幹部、群衆迫切要求早日改變面貌，脱貧致富，這種願望是好的，熱情也非常可貴。但寄希望于上重大項目，一下子抱個“金娃娃”，想法不切合實際。

修鐵路需要巨額資金，而且在哪裏修，什麽時候修，得由國家通盤考慮安排，不是我們想幹就能幹成的。當然，我們可以提合理化建議，努力促成，但不是近期内可以實現的。開發三都澳良港，牽涉到目前本省有些老港口還吃不飽，國家有限的資金先往哪兒投放。寧德地區既不是中心，又不是原材料産地和物資集散地，這些因素對鐵路、港口的建設都有制約。至于把賽岐開發區發展成中心城市，也不是很簡單的事。中心城市不是誰批准就行，而是在經濟發展中逐步地自然形成的。對這三個熱門話題我是潑了點冷水。也就是説不能有急躁情緒，不能指望一下子出現奇迹。正確的路子是：從本地實際出發，充分利用好現有的條件，扎扎實實抓好農業和其他基礎建設，實現逐步發展。當然，對上面提到的大項目，我們也要積極做好準備工作，將來時機成熟了，是可以大幹一番。不過，目前不能把主要注意力放在暫時辦不到的事上。對外開放也是這樣。這裏雖處沿海開放地帶，但基礎最薄弱，吸引外資有許多不利條件，不能同發達地區比“三資”企業上了多少。屏南縣的同志説人家是“三來一補”，他們那裏是“三來一堵”。交通不便，就把財路堵死了。所以，我們的思路是，大門敞開，積極創造條件吸引外資；因地制宜，沿海條件好的縣多搞一些，山區縣條件實在差的，也不刻意强求。我主張不圖虚名講實效，不能爲開放而開放。

由于我們堅持實事求是發展“三資”企業，抓對臺貿易，利用傳統口岸和沿海重鎮發展外貿，努力在對外開放上搞出自己的特色。到目前爲止，全地區“三資”企業已發展到50多家。今年已談好了1000多萬美元的外商投資項目。儘管這樣，目前所做的工作衹能算是對外開放的訓練，培養開放意識，爲今後的發展打基礎。

對閩東經濟發展的思考*

（一九八九年一月）

◎記者：據我所知，你從厦門來閩東任職的半年中，都沉在下面調查研究，你對閩東的基本區情已相當瞭解了，聽説你很注重“農”字，能否談談?

◎習近平：閩東的經濟建設問題，可以説在很大程度上就是農民問題。農民占人口的絶大多數，這是基本區情。農業是閩東的一個特點，也是一個優勢。當然，我們所説的農業，不是小農經濟，而是商品經濟意義上的大農業。這幾年閩東的經濟實力有較大的提高，其中重要的表現就是農業生産持續穩步地發展，農業内部從單一結構向多元化發展。

◎記者：我注意到你的“大農業”提法，其中包含了你

---

* 這是接受《福建論壇》記者采訪時的談話，原載《福建論壇》1989年第3期。

的工業思想，能否請你具體談談？

◎習近平：大農業的思路是離不開以工補農和以工促農的。首先，没有一定的工業基礎，就没有一定的財政實力，農業的更多投入就成爲一個問題。其次，農業内部結構的合理調整，農副産品消費市場的形成都需要工業作爲催化劑。閩東的工業當然也應當有自己的路子，就是要處理好資源開發與行業結構的關係，着眼于本地資源的加工利用，發展産品適銷對路、本地又有相當生産優勢的工業。閩東工業的發展前途在于建立穩固的原料供應的基礎，不能搞“無米之炊”。

◎記者：説到貧困地區工業不能搞無米之炊問題，使我聯想到閩東的三大熱門話題：開發三都澳港口、修建福温鐵路和建設中心城市。請問，你對此有什麼看法？

◎習近平：我認爲有這三個話題是件好事，表明閩東人民認識自然的能力有了提高。當然，改造自然還需要具備客觀條件。像港口、鐵路等的開發建設有賴于國家的宏觀決策，中心城市的形成也是經濟長期發展的結果。閩東財政收支不平衡，靠我們自己一時還難以進行大規模的建設。所謂“毛羽不豐滿者，不可以高飛”。讓外界認識這三件事的意義是必要的，但我們的立足點不能放在這上面。可能性和必要性不等于就是必然性。事關地區發展戰略全局的决策，要充分考慮到國情、省情、區情，不要把近期内難以實施的發展目標超前化。當前重要的是抓好中、短期的工作。

◎**記者：你對于治理經濟環境有何想法？**

◎習近平：治理經濟環境實際上是給閩東提供了一次機遇。中央精神（而不是有的人所片面理解的急刹車）是有利于經濟相對落後地區的生產力發展的。攀比速度、規模，閩東是承受不了的。中央精神使閩東能够揚長避短，利用治理、整頓的好機會，促使我區經濟穩步協調地發展。中央提出要保的農業、能源、交通、通訊、科技、教育、人民生活必需品、原材料工業恰好是閩東的薄弱環節，也是閩東需要加强的方面。我們正好借治理、整頓的機會，促進生產要素的優化組合，促進產業結構的合理調整。

◎**記者：你是從厦門開放地區來的，對于閩東這樣一個貧困地區的開放，你認爲厦門有什麽經驗可以借鑒？**

◎習近平：一個地方的開放程度，受制于軟、硬環境的完善。這幾年不少地方的開放實踐證明，减免税不是那麽吸引人，外商不僅要省錢，更關心的是賺更多的錢，要求事好辦、辦得利索。閩東地區可以大有作爲的是軟環境的建設，比如簡化手續、降低費用、提高辦事效率、改善服務質量，就是很有吸引力的。列入開放縣的寧德、霞浦應當成爲全區開放的試驗區。我特别感受到，有一個開放的觀念是重要的。同時，我們還要避免開放上的“馬太效應”，弄得不好，開放的地區會越開放，不開放的地區會越不開放，因爲開放是要有條件的，而貧困地區就是缺乏條件。所以，要防止“馬太效應”，就得努力改善貧困地區的條件。貧困地區的軟環境建設，將爲貧困地區的開放創造條件，對于軟環境建設的緊迫性，較之其他地區，貧困地區的幹部群衆肯定感受更爲深切，肯定會在這方面狠下功夫，從而積纍出建設軟環境的經驗。因爲這幾乎是貧困地區在創造開放條件方面的唯一出路，也是貧困地區在開放態勢下免于落伍的有力保證。我們當然要阻止“馬太效應”出現在貧困地區。

◎記者：經濟的發展需要一個廉潔的政治，廉潔的政治具體到一個地方、一個部門，就是黨政幹部的廉政問題，對此你有什麽感想?

◎習近平：黨政機關是否保持廉潔，關係到黨的存亡和人心的嚮背，也關係到社會主義經濟的命運。現在群衆對廉政建設呼聲很高。有四句話，我想可以作爲警鐘長鳴。第一句話，“苟非吾之所有，雖一毫而莫取”，我想這是作爲黨員幹部的起碼要求。第二句話，“熊掌和魚，不可兼得”，不要既想當官，又想發財，要當幹部就不要想發財，這一條恐怕是古今中外概莫能外。美國總統的收入遠不如許多大實業家、大企業家，富裕的工人、農民、個體勞動者的收入也肯定比我們各級官員要高。有所追求，必有所喪失。第三句話，“寸心不昧，萬法皆明”，貪污受賄，魚肉鄉民，這是黨紀國法所不容的。第四句話，“爲官一場，造福一方”，當幹部的宗旨就是奉獻，利益問題上，“拿來主義”要不得，不能圖實惠，謀私利。

爲官一場 造福一方*

（一九八九年一月）

橋 與 路

領導者的責任，主要是解决“橋”與“路”的問題。

“橋”，即搭橋，爲群衆發展商品生産疏通渠道，架設橋梁。比如，對全區經濟合理布局，正確指導，提供有效服務。但這還不够，還應注意解决人民群衆在改革開放中出現的模糊認識，擺正一些關係。比如，黨的十三届三中全會提出“治、整、改”方針，不少人認爲是建設、改革要收了，要停了，這是没有從積極的角度來理解三中全會精神所致。猶如整頓交通秩序、修理路面是爲了車輛更加暢通一樣，治

---

* 這是接受《安徽日報》記者采訪時的談話，原載《安徽日報》1989年1月18日。

理整頓是爲深化改革創造必要條件。這就要求我們既要顧全大局，又要結合本地實情；既不能强調特殊性而不貫徹執行中央的方針，又不能搞“一刀切”。所以，我們應該有亂治亂，有熱消熱，有冷加温，做到有保有壓，有促有控，以推動經濟健康穩步發展。這是解决“橋”的問題。

至于“路”，就是確定本地經濟發展的路子，要從中央和省裏的總體部署，從全局工作的大背景、大前提和本地區的實際情況來考慮。閩東屬于老、少、邊、島、貧困山區，有913公里海岸綫，300多個島嶼，建國後因大家都知道的原因，國家很少在這裏投資，至今經濟仍然相當落後。怎麽辦？從現實出發，發揮沿海優勢，抓住機遇，組織實施沿海經濟發展戰略，不攀比，不消極，不蠻幹，緊中求活，活中求發展。“千里之行，始于足下”，足下的第一步要抓那些近期能做到的工作，這就是我們所遵循的路。

行動至上

馬克思説過：“一步實際運動比一打綱領更重要。”我不主張多提口號，提倡行動至上。過去采取的很多有效的辦法，要像接力賽一樣，一棒一棒接着幹下去，脚踏實地幹出成效來。

閩東過去靠農業，今後仍然離不開農業的綜合發展，發展大農業是閩東堅定不渝的方嚮，是農民脱貧致富的根本所在。1985年底，福建省委提出貧困地區“三年解决温飽”，地委吸取過去扶貧采取的“窮隊無償貸款”、“千軍萬馬扶持千家萬户”見效不大的教訓，采取了全社會齊抓共管、興辦經濟實體等綜合治理措施，經過三年扶持，全區脱貧率達87.3%，已有部分人走上富裕道路。這是既看準了又幹對了的事情，我們决定再幹兩年，政策不變，突出重點，上新水平，提高脱貧的標準，增强脱貧後勁。具體措施是一手繼續抓千家萬户脱貧，一手抓鄉鎮企業，壯大鄉村兩級集體經濟實力，同時抓好十個億元鄉鎮的示範建設。路子明確了，下一步的關鍵在于反對那種田園牧歌式的情調和人浮于事、鬆垮散漫的習氣，提倡滿負荷和緊張高效的工作節奏，今日事今日畢。我主張敢爲天下先，敢于冒一定的風險，不吃别人嚼過的饃，樹立起“不耻落後，意氣奮發，放膽開拓，争先創優”的閩東風格。

清 廉 從 政

有了明確的工作方針、政策之後，如果没有良好的工作作風和工作方法，方針、政策是難以發揮作用的。我十分擁護黨中央關于“黨政機關是否保持廉潔，關係到黨的生死存亡和人心嚮背”的論斷。我們共産黨人的宗旨是永遠爲人民服務。所以，當幹部的宗旨就是奉獻，就是服務，要立足于理想，不要光圖自己實惠。“苟非吾之所有，雖一毫而莫取”，這是對黨政幹部的起碼要求。那些利用手中掌握的某些權力去謀私、貪污受賄、魚肉鄉里則是我們所不齒的。當然，單是廉政還不够，還要有政績，要能改變當地面貌，促進經濟發展，提高生活水平，所以，我提倡“爲官一場，造福一方”。

把握好新聞工作的基點*

（一九八九年五月）

冷静分析思考　認清當前形勢

當前要進一步加强黨對新聞工作的領導。而提高認識、加强領導，要結合當前的形勢來進行。新聞工作要把握時代的脉搏，要認識到當前形勢所賦予我們的任務、職責。十年改革的成績是巨大的，但也面臨着許多困難和問題。新聞工作一方面不能抱殘守缺，不思改革，對于各種呼聲置若罔聞；另一方面又不能人云亦云，不加辨别地跟着各種思潮跑，没有一個界限。不然，就會亂套。對當前的各種社會思

＊　1989年5月中旬，適值發生于北京的政治風波愈演愈烈的時刻，寧德地區召開新聞工作會議，我就當時新聞工作及新聞工作者如何把握好工作基點等問題談了自己的看法。新華社記者許一鳴同志將其整理，發表在1989年第6期《中國記者》上。

潮，我們要冷靜地通過自己的頭腦去思考，不能受隨意性的支配。冷静分析判斷是需要時間的，急于做出判斷往往會得出一個片面的，甚至是錯誤的結論。從當前反映的一些問題來看，民主進程、法制建設進程確實有必要加快。但是如何加快，加快到什麽程度，是要有一定科學步驟的，如果把民主絶對化了、超前化了，脱離了一定的階段性，那麽本來是非常合理的要求，就可能成爲一種非常錯誤的東西了。

什麽是民主？不能籠統地喊民主。作爲社會主義國家的民主，我個人理解，應該是人民利益的一種法制化的體現，而不是某一個階層、某些人的隨意性，也不是滿足任何一些人、任何一個階層提出的任何一個要求。極端化地去要求别人或者要求國家，其實就是衹要求别人對自己民主，而自己則可以不受任何的約束，對别人和國家不負任何的責任，這行得通嗎？！如果别人也照此辦理，如果大家都要求享有這樣的民主，你做得到嗎？！顯然不行。因爲你在賦予某人或某些人享有這樣的民主的同時，不僅失去了自己的民主權利，而且剥奪了其他人的民主權利。

試想一下，如果人們想幹什麽就幹什麽，不搞計劃生育，取消國家税收，解散軍隊、警察，直至打開監獄，放出囚犯，衝破任何工作準則和生活約束，你的民主、你的安全還有保障嗎？難道可以這樣做嗎？所以民主本身不能是絶對化的，它要有一定的約束。同時民主的要求也是有階段性的，不能超前化。我們現在對民主素質的培養、民主管理的訓練，也有一個階段性。比如當前的這個民主，是不是都能成熟地運用？就説村民委員會選舉吧，民主運用得怎樣呢？有的地方不錯，他知道自己要選一個好的當家人，能够爲本村群衆的根本利益服務；有的地方則選老好人、宗族長老，造成農村基層組織出現癱瘓狀態。所以説，我們提任何問題都不要離開它的前提，不要離開一定背景，不要離開一定的條件。否則，就没有任何問題，也没有任何結論。“文化大革命”不就是“大民主”的標本嗎？這種“大民主”，没有跟科學結合、跟法制結合，而是跟迷信結合、跟愚昧結合，結果就是大動亂。誰都可以組織幾個人去抄家，誰都可以拉起一個戰鬥隊，今天你打倒我，明天我打倒你，這樣的日子能够重演嗎？没有安定團結，一切都談不上！因此，民主的問題要在法制的軌道上加以解决。

還有腐敗問題，這最容易引起大家的義憤。應該説我們每一個正直的新聞工作者，每一個有良知的人，談起腐敗，其義憤都是溢于言表的。但是這個問題也要冷静對待。現在我們不僅需要對腐敗有憤怒感，而且需要拿出一套解决腐敗的實際辦法。有的人在抨擊腐敗的同時，他本身也在享受某種特權。可以看到，從接生到火葬，每一個環節都可能發生交易，都可能出現不正之風。聽診器并没有權啊！但它也可以産生交易。汽車上的方嚮盤也可以産生交易。這個問題值得我們深思，值得我們去加以深層地分析，探析其原因。然後，找出有效的解决辦法。否則就把問題看簡單了。

新聞工作者要把握時代的脉搏，認識新聞的作用，要看到新聞事業是黨和人民的喉舌，擔負着反映輿論、引導輿論的一個重要任務。我們黨歷來有一個傳統，就是通過運用報紙、廣播、電視等宣傳工具，宣傳黨的路綫、方針、政策，教育人民，反映人民的呼聲，弘揚正氣，揭露消極腐敗現象，動員組織廣大群衆投身社會主義建設事業。我們强調的黨性，包含着人民性的深刻内涵。我們黨是代表人民利益的黨，她没有獨立于人民利益的自身利益。但我們黨既代表人民的眼前利益，也代表人民的長遠利益；既代表人民的局部利益，也代表人民的全局利益；黨的路綫、方針、政策，黨對每一件事情的看法和主張，應該説就是人民願望、要求的充分體現，就是人民的看法和主張。現在的問題是，人民比較容易理解眼前和局部願望、要求的實現，對自身周圍發生的事情也容易與黨的看法和主張貼近、認同；但在自身長遠和全局利益的理解上，由于各個局部的人群不十分瞭解全局的狀況，由于群衆中個體的教育水平、覺悟程度、工作崗位、地域地理、年齡層次等等因素的不同，“春蘭秋菊不同時”，其看法、主張與我們黨的看法、主張可能會産生距離，出現差异。我想，我們的新聞工作者應該更多地起到渠道和橋梁的作用，長期地、耐心地、孜孜不倦地向人民宣傳黨的路綫、方針、政策，解釋黨對事物的主張和看法，讓人民瞭解黨和國家的大事，使黨的看法、主張化爲人民群衆自覺自願的行動。

新聞學作爲一門科學，與政治的關係很密切。但不是説新聞可以等同于政治，不是説爲了政治需要可以不要它的真實性，所以既要强調新聞工作的黨性，又不可忽視新聞工作自身的規律性。

當前我國改革正處于關鍵的時期，人們的思想心態是多種多樣的，各種利益關係不斷地發生摩擦。如何解决這些問題，很重要的一點，就是要充分發揮新聞媒介宣傳改革、宣傳黨的政策的作用。改革是一場偉大的社會實踐，新聞媒介要及時、準確地傳遞黨和政府的方針、政策，捕捉和反映方針、政策執行過程中的各種信息，促使各級黨組織、政府及時修正偏差，使改革少走彎路，更加健康地發展；對于群衆中存在的某些模糊的認識，新聞媒介要加以引導，緩解矛盾，溝通黨、政府與人民之間，這一部分人民群衆與那一部分人民群衆之間的聯繫，增進人們對改革的理解和支持，將人們的思想和行動引導到“一個中心、兩個基本點”上來，引導到“實現四化，振興中華”這一偉大的歷史使命上來。應該肯定，新聞事業在十年改革中寫下了光輝的一頁，爲改革開放立下了汗馬功勞，盡了很大努力，是黨的政治優勢的重要組成部分。善于運用新聞推動工作，實際上是一種領導水平和現代工作方法的表現。領導者與人民的聯繫不外乎是兩種形式，一種是神秘化，一種是公開化。神秘化往往同封建、封閉、經濟落後相聯繫；公開化往往跟高度文明進步相聯繫。我們地區各級組織，要高度地重視新聞工作，切實加强對新聞工作的領導。

搞好輿論引導　弘揚社會正氣

輿論引導和輿論監督是社會主義新聞事業的兩大功能。輿論引導就是通過新聞報道，弘揚社會正氣。我這裏講的“弘揚正氣”，指的就是通過輿論引導，堅定人們對改革的信心，認清改革的光明前途，堅持四項基本原則。當前，特別要激勵大家按照中央的要求，積極投身治、整、改工作，維護黨中央和國務院的權威，維護安定團結的政治局面。怎樣纔能使輿論引導起到“弘揚正氣”的作用？這就要求每個新聞工作者堅持正面宣傳爲主，把握新聞宣傳的基調。前一個時期，曾流傳着這樣一種説法：“成績不説跑不了。”這個説法顯然是片面的。我國十年改革取得巨大成績，這是我們工作的主流，是全世界公認的。新聞宣傳，要有求實的精神，理直氣壯地宣傳成績，增强黨的凝聚力和政府的權威。新聞工作者要注意這方面的問題，抓住事物的本質，反映問題的主流，起到弘揚正氣的作用。對于群衆關心的熱點、難點問題，應在宣傳十年改革成績的前提下，向群衆講清這些問題的性質，引導群衆正確認識這些問題是新舊體制交替過程中民主法制還不完善時出現的。它將隨着我國改革逐步深化、社會主義精神文明建設、民主與法制建設的不斷加强而減少和消除。

在加强輿論引導工作的同時，還要重視發揮輿論監督的作用。輿論監督是加强黨的建設和民主政治建設的一項重要内容。不受制約和監督的權力，必然會腐敗變質。能否有效地制止腐敗現象關係到黨的生死存亡和社會主義事業的成敗。這就需要建立各種有效的監督機制，而新聞媒介的輿論監督是最經常、公開、廣泛的一種監督方式。當前，在强調加强黨的建設、反對腐敗的時候，特别要發揮新聞的輿論監督功能，使腐敗現象暴露在光天化日之下。各級黨組織和政府應歡迎新聞工作者報喜也報憂，拿起輿論監督武器，對自己工作中的問題和各種腐敗現象進行揭露批評。各級黨政領導要正確對待新聞監督，要樹立開放、開明的態度，對記者不應求全責備，要與新聞記者交朋友，把新聞監督看作對地方工作的支持，爲新聞監督創造一個良好的政治環境。

運用輿論監督武器，要有强烈的社會責任感，講究社會效果。要有利于維護安定團結的政治局面，有利于改革、開放，有利于黨開展工作。輿論監督的出發點應該是積極的、建設性的。監督的重點應該針對那些嚴重違反黨和國家重大政策以及社會生活中存在的重大問題，要抓典型事件。揭發的事實，務求準確。涉及黨的一級組織和政府的批評，要持慎重態度，不能先入爲主。要深入調查，多方聽取意見，得出合乎事實的結論。特别要注意不應把批評的矛頭對準那些群衆有意見而我們工作中因限于目前條件、一時難以解決的問題上。要讓人民知道，黨和政府正在采取措施，剋服困難，解決問題。

加强新聞隊伍建設

新聞工作者要有强烈的社會責任感。應該明確新聞機構和新聞工作者都是爲黨和人民工作的，不論在何時何地，都要對黨和人民負責，對改革開放的事業負責。要注意輿論的社會效果，剋服片面性。

要加强學習，提高政策理論水平。這是搞好新聞工作必須具備的重要條件。水平不高，是寫不出好報道的。商品經濟的發展帶來了五光十色的社會生活，要有一雙慧眼，纔能透過現象抓住事物的本質。這就要求每個新聞工作者都要有較高的理論、政策水平，要學習法律知識，熟悉商品經濟規律，要有較强的原則性和科學分析能力；總之，要求新聞工作者的政治素質和知識水平必須大大提高一步。

要發揚艱苦奮鬥精神，深入調查研究。深入實際，調查研究，這是黨的優良傳統，也是新聞工作者必須具有的工作作風。報道寫得好不好，與新聞工作者能不能深入實際、深入采訪很有關係。從我們地區的情況看，目前有部分新聞工作者調查研究不够深入，坐在辦公室裏想點子，靠簡報、會議材料編稿子，有時下鄉了，也是“走馬觀花”。從現有報紙、電臺上的報道看，内容深刻、質量高的還不很多；特别是有很多好的題材報道不出去，這和深入實際不够有很大關係。調查研究是新聞工作者的基本功，是新聞工作者成才的根本途徑；衹有堅持調查研究，纔能把自己鍛煉成思想端正、作風扎實、業務過硬的新聞工作者。

要嚴于律己，遵守職業道德。新聞工作者要講究職業道德。現在有的地方出現“采購記者”、“拜金記者”。這些現象同新聞工作者的職業道德是水火不相容的，雖然表現在少數人身上，但嚴重損害了新聞事業的威信和聲譽。新聞工作者擔負着宣傳群衆、教育群衆的神聖職責，教育者應先受教育，應嚴格自律，正派、公正、廉潔，要有更高尚、更嚴格的政治操守和職業道德。新聞工作是一種崇高的職業。每個新聞工作者都應該自重、自愛、自强。希望新聞工作者加强職業道德修養，形成一種良好的作風。

正確處理閩東經濟發展的六個關係*

（一九八九年二月）

閩東的貧困是諸多因素造成的，使閩東脱貧致富是我們的重任；而臨海朝洋的地理環境、海峽兩岸關係的緩和、開放政策的實施，又使閩東面臨着實施沿海發展戰略的考驗。脱貧致富和實施沿海發展戰略這雙重任務，使閩東的工作更加艱巨亦更有意義。

十一届三中全會以來，閩東經濟發生了巨大的變化。閩東的變化，不是短時間内發生的令人眩目的變化，而是凝聚着全區人民心血的漸進、纍積式的變化，是一種由量變到質變的滴水穿石般的變化。今後閩東的發展，不但需要艱苦奮鬥的精神，更需要尋找適合閩東經濟發展的道路，其指導思想我把它歸結爲“因地制宜、分類指導、量

* 此文原載《福建論壇》1989年第5期。

力而行、盡力而爲、注重效益”。遵循這個指導思想，閩東的經濟發展要處理好六個關係。

一、長期目標和近期規劃的關係

經濟發展需要長期目標和近期規劃的相互結合。但是，在處理二者之間的關係時，經濟相對不發達地區，更易出現急于求成的傾嚮。如果衹把眼睛盯在一些近期不具備條件的事情上而不顧及時機、步驟，那就等于丢弃了遠、中、近所有目標。我去年到閩東工作，聽到三大熱門話題：開發三都澳、修建福温鐵路、建設中心城市。我認爲，全區上下議論這三大話題的意義在于表明人們思變心切和自身認識能力的提高。我之所以淡化對這三大話題的期望值，就是因爲要强調其中包含的長期目標和近期規劃的關係。馬克思在《〈政治經濟學批判〉序言》中説：“人類始終衹提出自己能够解决的任務，因爲衹要仔細考察就可以發現，任務本身，衹有在解决它的物質條件已經存在或者至少是在形成過程中的時候，纔會產生。”像港口、鐵路建設這些動輒上億投資的項目開發，有賴于國家全局性的宏觀决策。中心城市的形成，也是經濟長期發展的結果。閩東財政赤字大，靠自身是難以從事耗資巨大的投資項目的。今明兩年國家把治理、整頓作爲工作的重點，收縮信貸，抽緊銀根，不可能對閩東進行大規模的投資。所以，我們正確的態度應該是：看到三大目標，積極進行宣傳和前期準備。我們需要研究未來的發展戰略，但它的科學性應建立在對區情、省情乃至國情的深刻認識的基礎上，并依此來確定“宏圖大略”。我們工作的着眼點衹能放在切實可行的基礎上，遠期目標衹能脚踏實地地逐步實現。我們既要避免把近期難以實施的遠期目標超前化，又要防止把近期規劃簡單化。

二、經濟發展速度與經濟效益的關係

速度和效益是對立統一的矛盾，把握它們之間的統一點，是比較困難的。我認爲，應該在追求更高效益的基礎上來促進發展速度與經濟效益的統一。“欲速則不達”。應當看到，立足于追求高速度，往往對資源擠榨過甚，整個經濟生活没有迴旋餘地，不恰當的速度會對生産力發展産生一種破壞作用。我們强調把經濟效益放在首位，一方面是爲了遏制不適宜的經濟發展速度，另一方面也是基于對閩東現實的思考。閩東基礎薄弱，經不起折騰，幾十萬元以上的項目務求必勝。閩東投資渠道有限，更要注意把投資放在有效益的項目上。閩東管理水平低，産品利税率低于全省平均水平。

現有的生産能力還有三分之一没有開足。因此，通過内涵擴大再生産，搞好挖潛，提高效益的潛力還是很大的。另一方面，我們也應看到，閩東這些年雖然取得較大成績，但主要經濟指標在全省的比重都是呈下降趨勢。所以，適當的發展速度還是需要的。這樣可以避免拉大同全省、全國的距離，防止消極的、不求發展的現象出現。

三、資源開發與産業結構調整的關係

處理好這對關係首先必須明確兩個前提：第一，閩東的資源較爲豐富，但這些資源的開發利用取决于合理的産業政策的引導；第二，閩東的産業結構的調整應主要依據本地資源的現狀。閩東的資源是有差异性的，但閩東的産業結構從量的角度看，没有體現這種差异，基本上呈均衡分布，没有突出的、明顯的主導産業，資源的有差异性與産業結構的趨同現象要引起我們各級領導的高度重視。

不論是發達國家還是發展中國家的區域經濟發展，如果没有正確地制定産業政策，結構生産力得不到充分釋放，經濟增長就不可能取得應有的速度和效益。所以，閩東應制定區域的産業政策，確定産業發展的結構、順序和時機等。

閩東的農、林、水電等資源的潛力極爲可觀。我認爲這種區情應當作爲閩東産業結構調整的依據。農業是閩東的優勢，過去的發展靠農業，今後仍然離不開農業的綜合發展，必須跳出傳統的自然經濟的農業圈子，跨上綜合性商品經濟的大農業的新臺階。閩東山地多，但林業基礎差，覆蓋率和蓄積量都比較低。我們應采取積極的方針，把林業置于事關閩東脱貧致富的戰略地位來制定政策。值得强調的是，食用菌促進了閩東的經濟發展，但必須處理好食用菌和其他産業的關係，特别是與林業的關係。食用菌發展比較快的地方，可以搞林菌挂鈎。閩東的海洋資源的綜合開發利用尚處于起步階段。外海捕撈船隊建設要引起重視。淺海灘塗養殖要向深度、廣度進軍，已發展起來的對蝦養殖要主攻單産，高檔魚類和貝藻養殖要擴大面積。水電工業是閩東的一大資源優勢。我主張既積極又量力而行地開發閩東的水電資源。水電既是基礎産業，又是效益好的産業，所以“先有錢、先辦電”，可以集資上小型電站，尋求外商獨資或與外商合資合辦中型電站，逐步形成以閩東水電爲主，又與省電網聯網調峰相結合的電力工業體系。還可走廠電結合的路子發展閩東的冶金工業。

需要强調的是，閩東工業發展的一個最基本原則是要與自我平衡能力相適應。閩東各縣的産業結構調整，可根據本地的資源和生産力狀況制定出相應的主導産業以及産業群體。主導産業可以實行投資傾斜政策，使之超前發展，并通過主導産業的上下游聯繫帶動其他相關産業的發展。如古田的食用菌深加工，柘榮的製藥工業，霞浦的按摩器和三菜（海帶、紫菜、榨菜）加工，福安的電機、鐵合金等，都是很有前途的産業，對這些原料充足、市場銷路看好的産業，要采取有力措施，促其上規模、上批量，追求規模經濟效益。

當然，經濟發展的規律表明，工業的大發展必然會超出區域平衡原料的界限，需要利用相當數量的外來原料，但立足點還應在于本地區資源的加工利用。

四、生産力區域布局中的山區與沿海的關係

沿海與山區這雙重的經濟形態，構成了閩東經濟發展的特殊問題。認識這種特殊問題的内容和意義在于：第一，以歷史唯物主義的觀點而言，人們不能自由選擇自己的生産力，任何歷史的生産力都是下一代人的生産生活的起點。所以沿海、山區都有自身的經濟發展的道路可循。第二，沿海和山區客觀存在着差异，有差异就有互補協作的可能。閩東經濟發展戰略就是要考慮到這種矛盾的統一。所以在政策的制定上不能搞一刀切，在措施的推行中，要注重沿海與山區

的差异和協作。

無論是山區經濟的振興抑或是沿海經濟的發展，都是閩東經濟上新臺階的重要一翼。但這并不意味着我們在生產力區域布局中處理這兩翼關係時，實行均衡的戰略。相反，我認爲，我們應走差异布局的路子，也就是說，基于經濟狀况不均衡的現實，走“不平衡——平衡——不平衡”的生產力布局的路子。拿投資來説，要把投入產出系數的高低作爲决定投資數量、方嚮的基本依據，實施投資傾斜政策。理由很明顯，其一，投資不是“救濟”，不是越窮，投資的比重就要越大。其二，在一定時期内，越是經濟較爲發達的地區，投資的產出就會越快、越多。當然，這并不等于説山區就不投入了。我們衹是説，在整體上有所側重，而在具體的投資項目上，山區效益好的，也可以增加投資比重。

沿海一帶，特别是福温公路沿綫一帶，是閩東工業比較集中的地方，其工業產值占全區70%多，財政收入占全區64.8%。福鼎、福安、霞浦三縣工業產值均在億元以上。這一帶是我們生產力布局中的重心地帶。我們設想以賽岐爲中心增長點，沿福温公路兩綫向内陸延伸，逐步向山區梯級推進。

五、改革開放與扶貧的關係

我認爲，開放和扶貧對閩東來説，出發點和歸宿都是爲了商品經濟的發展，所以都應統一于商品經濟規律的運動之中。這種“統一論”包含三層意思。第一，開放和扶貧有一定差异，具體地表現在兩者都有自己的運動形式和規律，所以必須有不同的政策和措施；第二，開放和扶貧彼此融合，所以我們提倡的是，用開放意識來推動扶貧工作和在扶貧工作上運用開放政策；第三，開放和扶貧相互依存，互相促進，扶貧的成果將是開放的新起點，開放將使扶貧工作邁向新臺階，所以我們必須争取整體功能效益。基于以上認識，閩東經濟發展應該是開放和扶貧的政策雙管齊下，閩東的開放和扶貧工作應具有自身的特色。

閩東被國家列入沿海開放縣的有霞浦、寧德兩縣市，没有列入的縣同樣有如何開放的問題，也要具有開放的觀念、意識。閩東的開放正在摸索中前進，但有四點我們應該明確：第一，不要盲目照搬特區的做法，遠離老城區搞孤立的開發區，衹能依托現有的城鎮，也就是説，衹能走内涵式開發區的路子。第二，這幾年各地開放實踐證明，減免税不是外商最重要的參照系，他們不僅看省錢，更關心多賺錢和好賺錢。閩東的軟環境建設大有可爲，比如簡化手續，降低費用，堅持一個窗口對外，防止政出多門、拖拉扯皮等。第三，要把對外經貿工作和對臺經貿工作結合起來，以大力發展三資企業、三來一補業務和對外貿易，拓寬對臺貿易和引進臺資新格局。第四，把資源開發和對外開放結合起來，用具有閩東特色的資源來增强對外的吸引力。

閩東的脱貧工作已取得了歷史性的成就，有87.3%的貧困户解决了温飽問題。但開放意義上的脱貧，則要求扶貧工作邁上新臺階。閩東的改革應進一步深化，各項工作都要以改革總攬全局，扶貧工作也要貫徹改革精神。扶貧資金不搞撒胡椒粉，要集中90%以上的扶貧資金用于縣、鄉、村級經濟實體，增强實體的造血功能，要優先支持億元鄉鎮、科技示範鄉鎮、星火計劃、副食品供應和出口創匯商品基地，努力地創建經濟小開發區，把扶貧與區域經濟開發結合起來。必須搞好農村二步改革，完善雙層責任制，進一步促進土地的適度規模經營，促進農民增加對農業的投入。農業生産的社會化服務體系也必須在農業的全方位發展中得到不斷完善。企業改革，要在完善承包制的基礎上引進競争機制，優化勞動組合，力求“一步到位”，大膽推行租賃、拍賣等改革。有條件的企業還可以試行股份制。總之，國家和企業的産權關係衹能化繁爲簡，建立非父愛式的單純的賦税關係，爲企業全面走向市場創造條件。

六、科技教育與經濟發展的關係

對貧困地區來説，要强調科技教育對經濟發展的重大意義，但由于經濟實力有限，科技教育又面臨着資金不足的局面，于是矛盾就出現了。比如，一筆錢的投入，我們是投向教育，還是投向工廠?

當然，經濟的不發達，决不能成爲不辦科技教育的理由，相反，正因爲經濟不發達，我們更要有興辦科技教育的動力和壓力。科技教育和經濟發展是互爲因果的關係，我們不能等經濟發展了再來辦教育。“十年樹木、百年樹人”，誤了幾年，就是誤了一代。科技教育和經濟發展的矛盾衹是提醒我們注意：第一，要用長遠的戰略眼光來看待科技教育，要把科技教育作爲閩東經濟社會發展的頭等大事來抓；第二，在經濟實力不足的情况下，要講求辦科技教育的效益；第三，要努力把科技教育的熱能轉化爲經濟發展的動能，既强調科技教育的普及，又講究科技教育的“實效”。

矛盾與解决矛盾的方法同時産生。就教育而言，要實行“普及教育”與“成人教育”并存的方針；要特别重視職業教育和農村的掃盲工作；全社會都要爲教育辦幾件實事，多渠道、多形式辦學，争取在1990年解决完小以上的“一無二有”；抓緊各種培訓，比如，農村實用技術的培訓，幹部職工科技水平和管理水平的培訓。就科技而言，重要的是要面向生産，面向農村，要提倡科技人員進入商品生産的主戰場；同時，要把科技重點放在實用科技上，與城鄉産業結構的調整相結合，大力促進科技人員投身于星火計劃。

新形勢下閩東財政經濟的辯證觀

（一九八九年三月）

現在經濟過熱，需要降温。這個時候來談論財政問題，我想更應當重點談談如何加强財政經濟杠杆的調節機制。有人會問，像閩東這樣的窮地區，財政力量單薄，泥菩薩過江，自身難保，還有什麽機制可發揮作用？

如果把財政看作是一個錢袋子，從這種觀念來看，没有錢了，袋子當然也就用處不大。但這是一種陳舊的觀念，是早被我們批評過的單純的財政觀念。財政經濟决不是衹管收支的錢袋子，而是調節經濟的大杠杆。這本來應該是不言自明的道理。所以，我們説運用財政杠杆的調節作用，絶不能簡單地認爲是給某某地方多發幾個錢，向某某地方多收幾個錢。財政杠杆的巨大調節作用，産生于正確處理好財政經濟的幾種關係，而處理好這些關係，就需要我們多講一些辯證法，就是要用唯物辯證法的觀點來研究和解决閩東財政經濟運行中的諸多矛盾。

一、正確處理全局和局部的關係

全局和局部的關係，從財力上講，主要指集中和分散的關係。當前國家財政有困難，地方各級財政也有困難，我們閩東地區的困難更大。在這種情況下，更有必要處理好集中與分散的關係。應該看到這幾年我們集中不足，分散有餘。儘管地方和企業發展經濟的積極性不同程度地調動起來了，但却出現了宏觀控制削弱，引起經濟過熱、消費膨脹等問題。所以我們有必要强調全局的觀念。閩東這個全局衹能服從全省乃至全國這個全局。在當前整個宏觀經濟的調整工作中，如果需要犧牲局部的利益，還是應該樂于承擔的。我們貧困地區還沒有資格談爲國家大財政作貢獻，但有一點是可以盡力而爲的，這就是：不該向上伸手的不伸手，可以少向上伸手的就少伸手。去年全區已實行“分級包干，自求平衡”的財政預算管理體制，各級財政赤字，原則上衹能自行消化，不能有依賴思想。

二、正確處理緊縮和發展的關係

緊縮財政是近幾年國家的基本宏觀經濟政策。我們必須正確地、全面地理解這個經濟政策。我們所説的緊縮和發展，從根本上説，或者從所要達到的目標説并没有矛盾，這好比退一步，再進兩步；或者説，調整一個位置，彎下身去，擺出一副大跳躍的姿態，最終還是爲了前進。緊縮不是盲目壓縮，而是該控制的要嚴格控制，該緊縮的要堅決緊縮，該發展的還是要發展，這叫緊中求活，活中求發展。我們緊縮的對象是那些擾亂社會經濟秩序、違反經濟運行法則的行爲，使它們成爲無源之水，無本之木。這種緊縮將更有利于經濟的健康發展。

要正確處理緊縮和發展的關係，必須有審時度勢，抓住有利時機的本領。第一，宏觀的緊縮政策，事實上爲我們提供了優化産業結構、合理利用資源的良機。這是和閩東發展戰略相吻合的。我們完全可以集中力量，着力發展能形成一定經濟氣候、對市場有較大影響、可成爲財政收入主要來源的“拳頭”産品和“税利”大户。逐步淘汰阻礙財源發展、讓財政背包袱的産品和項目。第二，緊縮財政很可能導致企業資金緊張，這就要求我們的企業增强管理意識，挖掘企業内部的資金潛力，進行内涵擴大再生産。如果我們的企業能提高管理水平，那就不僅能在困境中生存，而且一定能够發展。

三、正確處理增加財政收入與搞活企業的關係

一談起搞活企業，有的同志就喊着要“减利讓税”；一談到增加財政收入，有的同志就想到“卡緊企業”。我看不能這樣理解。增加財政收入和搞活企業應該是一個事物的兩個方面，而不是一個面上的兩種事物——不能割裂開來。我們講增加財政收入，就是説要多開闢財源，財源在哪裏？主要在企業，企業發展了，財政收入纔有源源不斷的活水。水漲船高、泉大水足就是這個道理。所以從財政的角度説，必須搞活企業。從企業的角度説，搞好企業的目的就是要提高企業勞動生産率，取得良好的經濟效益。這實際上又是開闢了財源。所以，搞活企業和增加財政收入從根本上説是一致的。有没有矛盾呢？當然也會有的。但這是統一體内部的矛盾。這主要表現在“給”與“取”上。是先給後取，還是先取後給？給多少、取多少纔是適宜的？什麽時候給、什麽時候取纔更合適？如果財政對企業衹講取，或者企業衹想財政多給錢，結果會是怎樣呢？衹能是激化矛盾。正確的態度應該是：加强國家財政的宏觀調控能力，在取的時候，一定要以不影響企業的積極性、不妨礙企業的正常發展、不損害企

業的合法權益爲前提。增强財政收入特别要與搞活大中型國營骨幹企業相結合，使兩者相互依存相輔相成。要有“先給後取，培植財源”的遠見卓識的財政觀，講究的是“欲取姑予”的藝術，而不是做“竭澤而漁”的蠢事。特别是在當前緊縮銀根的情況下，財政部門更要通過資産融通，大力支持工農業發展。

財政和企業的經濟關係主要體現在税利上，在正確處理“給”與“取”的關係時，我們當前要特别注意到財政滲漏和財政流失問題。個體工商户偷漏税行爲比較嚴重，國營企業偷漏税情況怎麽樣，也可以好好查一查。偷漏税就是財政滲漏。財源流失主要指“予取之道不如人意”。减税讓利如果没有同企業内部經營管理機制發揮作用結合起來，没有達到更多的“取得”，那就“得不償讓”了。我們今後的注意力應集中在從政策上、工作上、信貸上支持企業發展生産，而不是在減利上打算盤。特别是在國家財政比較困難的時候，企業講做貢獻，更應該在加强管理提高效益上多下功夫，狠挖潛力。

四、正確處理多辦事和量力而行的關係

想爲群衆辦些事，這種志嚮是可貴的。貧困地區基礎

差，各項事業都有待于發展。許多同志都想儘快地把本地區、本部門的工作搞上去，這種心情也是可以理解的。但有一個怎樣合理使用財力的問題。我認爲，我們講多辦事，衹能是“量力而行”這個原則下的多辦事。是綜合平衡的兩個方面，她們之間的辯證關係體現在我們的具體工作中。第一，辦好事要分清情况，正確使用資金。任何非生產性建設在考慮資金規模時，切不可“寅吃卯糧”，打赤字預算。不管我們的主觀願望多好，諸如樓堂館所這類的非生產性建設，靠打赤字來風光一時，必將遺患無窮。當然，對于生產性建設，特别是一些短綫産品的生產，我們還是可以適度打點赤字。不能因爲一時力不從心，而對那些對經濟發展有深遠影響的生産不敢問津——這樣眼下看來很保險，頂安穩，殊不知會坐失良機，損害將來。第二，多辦事應立足于節約，提高效益。一分錢辦一份事，一分錢掰成幾瓣花——這些講實效的精神，都是應該提倡的。講效益，就是要把有限的財力用于國民經濟和社會迫切需要又見效快的項目上。在投資上必須講效益。不該投資或不能投資的，就堅决不投資；可以推遲投資的，就不提前投資；可以明天投資的，就不放在今天投資。多做些可行性的研究。第三，多辦事應該辦實事，辦急事。辦實事就是要辦實實在在的事，把短期利益和長遠利益結合起來，在長期發展目標的戰略中，多搞一些“短、平、快”的項目，不搞半拉子工程，也不搞“馬拉松”項目，不圖虛名；辦急事就是要顧全大局，分清輕重緩急，對于那些急于上馬的并且對發展國民經濟有重大意義的骨幹項目，財政應給予優先考慮安排。

畲族經濟要更開放些

（一九八九年四月）

閩東的少數民族，主要是畲族。閩東的畲族人口衆多，分布較廣，考慮閩東的脱貧問題不能不考慮畲族問題。應該看到，由于歷史的、地理的原因，畲族經濟囿于區域性狹隘圈子，基本上停留在簡單的物物交换，與外界的經濟聯繫極爲微弱。畲族經濟要發展，一個關鍵的問題是，走開放的道路，跨出自己的小天地。人類的歷史就是在開放中發展的。任何一個民族的發展都不能衹靠本民族的力量。衹有處于開放交流之中，經常與外界保持經濟文化的吐納關係，纔能得到發展，這是歷史的規律。

要樹立商品經濟觀念，這是開放的前提條件。畲族經濟的發展，既需要外力的幫助和推動，更需要内在活力的啓動。要啓動内在活力就要把原始的、自然經濟的封閉保守的觀念，改變爲發展社會主義商品經濟的新思想、新觀念。

要進行經濟的綜合開發，這是畲族經濟開放的主要目標。畲族地區有潛在的資源力量，但這并不等于具有現實的經濟實力。要實現這種“潛在”與“現實”之間的轉換，必須進行對自然資源的開發。資源開發，有一個重要的條件，就是市場需要。我們講的資源開發，是符合社會主義商品市場需要的開發，因而是經濟的綜合開發，這種開發不是單一的，而是綜合的；不是單純講經濟效益的，而是要達到社會、經濟、生態三者的效益的協調。

搞活商品交换是畲族經濟開放的着力點。有的地方，長期封閉，缺乏與外部交流，有許多影響市場發展的不利因素。畲族群衆的買難賣難問題，有些地方相當嚴重。我們必須實行開放政策，以多種經濟成分、多條流通渠道、多種經營方式去打破各種形式的劃地爲牢。以商品交换促商品生産，以商品生産促商品交换——實現這種良性循環，是畲族經濟開放所必需的，也是必然能達到的。

雖然，閩東畲族的經濟發展起步要更晚些、基礎更差些、限制條件更多一些，但是衹要畲族經濟更開放些，畲族經濟的持續、穩定的發展還是大有希望的。

閩東的振興在于“林”

——試談閩東經濟發展的一個戰略問題

（一九八九年一月）

“此地有崇山峻嶺，茂林修竹。”在閩東這樣一個貧困地區，山林資源是一個重要的優勢。“什麼時候閩東的山都緑了，什麼時候閩東就富裕了。”閩東群衆的這句話，説出了一個很深刻的道理：閩東經濟發展的潛力在于山，興旺在于林。怎樣正確認識這個發展戰略問題呢？我認爲，從一般的意義上理解，林業有很高的生態效益和社會效益，比如森林能够美化環境，涵養水源，保持水土，防風固沙，調節氣候，實現生態環境良性循環等。從特殊的意義上理解，發展林業是閩東脱貧致富的主要途徑。林業是閩東財政收入的重要來源之一，是地方農業、工業和鄉鎮企業發展的重要依托，是出口創匯的重要基礎。森林是水庫、錢庫、糧庫，這樣説并不過分。

應該看到，黨的十一屆三中全會以來，閩東的林業建設有了較大的發展。全區通過新造、改造、更新和集約經營等措施，建立了以用材林爲主，經濟林、防護林、薪炭林各種結構相應發展的各種林木面積700多萬畝，我們初步嘗到了甜頭，開始得到了大自然的恩賜。但這些還遠遠不够。從横嚮比較，從長遠的發展看，閩東林業所面臨的問題是相當嚴峻的，森林覆蓋率與緑化程度均低于全省的平均水平；近年來營林多，也砍得多，森林赤字多達30萬立方米。同時全地區還有340多萬畝宜林荒山尚未緑化，近50萬畝疏林地尚未改造，許多寶貴的林地資源白白閑置抛荒，山的整體優勢没有充分發揮。

古人云居安思危，何况我們今天已經無“安”可居！我們更必須把振興林業真正擺上閩東經濟發展的戰略位置，要有一種高度的自覺性和强烈的緊迫感。

如何抓住機遇，把閩東林業推上一個更高的層次？首先要有一個明確的指導思想，這就是：深化林業體制改革，充分調動各方面積極性，增强林業自我發展能力；以林爲主，加强管護，立體開發，加快造林步伐，提高林業綜合效益；廣泛動員全社會力量大辦林業，把林業發展同糧食生産、出口創匯、脱貧致富以及精神文明建設緊密地結合起來。

從這個指導思想出發，閩東發展林業的基本要求是：狠抓統一思想認識、多方籌集資金和落實管護開發措施等三個重點，解決林業政策體制和祖宗山權兩大難題，提高經濟、社會和生態三種效益。

有了上述的指導思想和基本要求，我們就可以制訂一幅閩東林業振興的藍圖了：苦戰七年，確保1995年實現荒山緑化任務，全區緑化程度達百分之七十，森林覆蓋率達百分之五十一；分别比現在高出十四和十點八個百分點，達到或超過省定的指標。

爲了達到上述的奮鬥目標，我認爲必須穩妥、扎實地抓好兩個環節：一是完善林業責任制，二是健全林業經營機制。

一、關于完善林業責任制。

我區林業“三定”表面上已完成，但實際上一些地方至今自留山、責任山還没有落實好。群衆還有怕變的心理。特别是“祖宗山”束縛了不少地方林業的發展。現在就要補好“三定”這一課，切實解決好“祖宗山”問題。要堅持“誰造、誰有、誰受益”這一權利長期不變，要堅持可以轉讓的原則。在山權不變的前提下，允許和鼓勵跨地區聯合開發。

要落實好領導幹部任期林業目標責任制。這兩年古田、屏南等縣實行領導幹部任期林業目標責任制的效果很好，要推廣這個經驗，在全區層層落實林業工作責任制，并把它同今年全區重點抓的“五大基地”（用材林基地、油料林基地、名特優商品林基地、毛竹基地和茶葉基地）和“兩條綫”（沿海防護林體系和以福温公路綫爲主的公路沿綫的造林緑化）的建設結合起來，作爲年終有關縣市和鄉鎮領導幹部政績考核的主要内容。立了軍令狀，就要令行禁止，賞罰分明。

二、關于健全林業經營機制。

第一，嚴禁盲目采伐，强化資源管護。過去林業生産“重造輕管，過量采伐”造成森林資源鋭減的現象必須徹底糾正。要堅持依法治林，及時查處毁林案件，打擊毁林犯罪分子，建立林區生産新秩序。林區鄉村要制定鄉規民約，充分發動群衆，加强護林防火和森林病蟲害的防治工作。

第二，轉變單一經營，實行綜合開發。在産業結構上，實行“林、茶、果、藥”結合；在受益時間上，實行“長、中、短”結合；在林地利用上，實行“套種、放養”結合；在林木結構上實行“喬、灌、草”結合；在經營效益上，求得經濟、生態、社會三大效益的統一。

第三，轉變粗放作業，開發集約經營。在造林的規劃布局上，由過去的“遍地開花”方式，轉向按流域、山系相對集中造林；在造林的投資使用上由過去的“撒胡椒麵”形式轉向以工程造林爲投資重點；在造林技術上，由過去粗植濫造轉向重視科技，注重質量；在林木樹種結構上，由過去以杉木、馬尾松爲主的單一結構，轉向多樹種、高密度、短伐齡、多層次、高效益方嚮發展。通過合理布局，形成全區造林規劃、設計、施工一條龍。

造林緑化、振興閩東是一項充滿希望的事業。事業的開創都要付出艱辛的勞動，貧困的地區尤其是如此。《左傳》中有一句很深刻的話，“篳路藍縷，以啓山林”。意思是駕着簡陋的柴車，穿着破舊的衣服去開發荒山野林，艱苦創業。這句話用來形容我們閩東的創業者十分形象。我相信，衹要我們統一認識，把全閩東的幹部群衆團結起來，堅持不懈、扎扎實實地奮鬥三年、五年、十年，閩東的林業一定會有長足的進展，閩東經濟落後的面貌也一定會有明顯改觀。

鞏固民族大團結的基礎

——關于促進少數民族共同繁榮富裕問題的思考

（一九八九年六月）

閩東是少數民族的聚居地，畲族同胞有十幾萬，占全國畲族人口總數的40％，占全省畲族人口總數的70％。這是閩東地區的一個特殊情況，也是閩東民族工作的一個特色。我們的事業方方面面，千萬不能漠視少數民族事業這一重要方面。這是一個原則，基于這個原則，我們有必要深刻地思考關于促進少數民族共同繁榮、富裕的幾個問題，我們的出發點和歸宿是要鞏固民族大團結的基礎。

一、充分認識搞好民族工作、促進民族大團結的歷史意義和現實意義。

民族問題有相當的敏感性和複雜性。民族是歷史上形成的穩定的人類共同體，作爲民族特徵之一的民族共同心理素質（包括表現在民族文化上的民族特點和體現出民族自我意識的民族感情）是最穩定的東西。在過去民族壓迫的社會中，許多被壓迫民族的民族自尊心和民族感情受到壓抑和摧殘，這種狀况衹有在社會主義時期方在根本上得到改變。社會主義時期是各民族全面發展、共同繁榮的時期，各民族的民族自尊心和民族感情獲得了相互承認，并具備了充分發展條件。各族人民都非常珍惜已經穩定的平等、團結、互助的社會主義民族關係，對在民族關係方面出現的問題、産生的矛盾國家嚮來是十分重視的，而少數民族對此也較爲敏感。比如，招工、招生的比例是否得當，對民族風情習俗、語言文字、宗教信仰是否尊重等問題，少數民族群衆要敏感得多。民族問題處理得不好往往會引起社會的動蕩，甚至政局的不穩。

毛澤東同志指出："……國内各民族的團結，這是我們的事業必定要勝利的基本保證。"閩東革命歷史也證明了這一點，在革命戰争年代，革命的火種之所以能在閩東大地傳播，革命的力量之所以能在最艱難的歲月裏得以保存和壯大，一個重要的原因，就是民族的團結。很多革命老前輩，都是畲族群衆用鮮血和生命保護下來的，我們福建的革命老前輩葉飛、曾志、范式人等同志過去打游擊的時候，經常是在畲族山村、畲族的老鄉家裏度過的。畲族群衆有堅定的革命性。有一位同志告訴我，在革命年代，閩東畲族的同志没有一個叛變，這是非常了不起的。在社會主義時期，畲族人民又用他們的勤勞和智慧，爲閩東經濟、社會的發展作出了重大的貢獻。現在，我們正在進行的脱貧致富的偉大事業，少了畲族人民的積極參與不行，少了各民族的共同努力奮鬥也不行。總之，無論是過去、現在還是將來，民族大團結都是我們進行社會主義建設必不可少的保證。

搞好民族工作是我們應盡的義務。爲了幫助少數民族和民族地區發展經濟與文化事業，黨和國家一直從各方面扶持、幫助少數民族和少數民族地區，這不是恩賜，也不是單方面的幫助。辯證地説，這是一種互相幫助。漢族幫助了少數民族，少數民族也幫助了漢族；國家扶持了民族地區，民族地區也支援了國家建設。

畲族人民在漫長的歷史中，創造了光輝燦爛的本民族文化，畲族文化在國内占有相當重要的地位，這是我們閩東文化中的一顆璀璨的明珠，是我們閩東地區可以引以爲榮的特色和優勢。搞好民族工作，有利于我們保持這種特色，發揮這種優勢。

二、民族地區脱貧致富的戰略方針。

黨的十三大確定的“一個中心、兩個基本點”的基本路綫，是我們現階段執行少數民族地區脱貧致富戰略方針的指導思想。當前，民族問題更集中地反映在少數民族和民族地區迫切要求加快經濟文化建設的問題上。加速發展少數民族地區經濟，使他們趕上或接近漢族的發展水平，纔能够解除事實上的不平等，使各民族得到共同的繁榮。這是社會主義時期處理民族關係問題的主要内容，是少數民族工作的主要内容，也是少數民族的根本利益所在。民族平等，是馬克思主義民族理論的基石，也是我國民族政策的核心。社會主義的經濟基礎和消除了民族壓迫的社會主義政治制度爲民族平等提供了最根本的保證。但是，我們還應當認識到，實現民族間事實上的平等首先就要消除各民族在經濟、文化發展水平上的差距。目前，全國扶貧工作的主戰場已開始轉移到少數民族地區。90年代，閩東畲族地區開始從解决温飽問題爲重點的擺脱貧困時期，進入以經濟開發和開放爲重點的實現小康時期。這一時期，我們要鞏固和發展80年代的成果，力争儘快縮小畲族地區與閩東、與全省全國先進地區的經濟差距。要從本地區的優勢出發，揚長避短，興利除弊，使區域生産要素不斷優化，建立起一種最適合于少數民族地區生産力水平發展的經濟運行機制，使其以高于全省平均水平的速度增長。

我們必須立足于少數民族地區的實際制定我們的脱貧致富的方針，那麽，實際情况是怎麽樣的呢？首先，閩東畲族的貧困面還比較廣。據統計，1985年全區畲族貧困户1.6萬户，占畲族總農户的50%。經過三年扶貧工作，畲族貧困户的脱貧率達75%，但還低于全區貧困户脱貧率87.3%的平均水平，全區少數民族扶貧對象大約還有4000多户，而且已經脱貧的，由于自然災害、生產經營失誤或後勁不足等原因都有可能再度貧困。應該看到，我們的整個脱貧水平不高，而脱了貧的也不等于就富裕了。其次，大多畲族鄉商品經濟不發達，有的還處于自然經濟、半自然經濟狀態。其三，閩東畲族大都居住在偏遠邊角地區，交通不便，信息不靈，缺技術，缺人才，致使這些地方山場廣闊、土地肥沃等得天獨厚的自然條件得不到很好的開發與利用。以上三方面的實際情況，應當成爲我們考慮少數民族地區脱貧致富大略方針的着眼點。

當前，我們要特别注意以下幾個問題：

第一，少數民族地區發展經濟離不開國家的扶持和幫助，但國家的經濟實力有限，閩東本身又是貧困地區，所以不可能有更多的外來力量來支持少數民族地區的經濟發展。在這種情况下，支持和幫助的意義主要在于增强少數民族地區自身的“造血功能”，起决定作用的還是少數民族地區的自我發展能力。要使自身生產力水平同外部支持力量相結合以發揮最佳效益。這就是説，民族地區要提高内部生產力，增强對外部援助力量的吸引和吸收能力。這主要表現在：在接受國家幫助時要有相應的輔助能力，不能説國家給多少錢就是多少錢，如果把補助看成孤立的經濟項目，而不投入相應的力量以擴大效益，那麼，一旦補助中斷，工程就無法繼續進行。閩東畲族地區應從長遠利益出發，做到外力扶持與内力，即自身生産力的提高緊密結合。在起步階段，需要的外力扶持可以多一些，但猶如羊羔斷奶一樣，這種經濟上的扶持衹是暫時的，必須逐步增加斷奶後的獨立生活能力。而且，在接受國家的幫助時，畲族地區本身也應具有最起碼的生産輔助能力。比如，國家投資幫助少數民族地區興建水電站，目的是爲了解决群衆的生活照明和鄉鎮企業用電。如果自己解决不了通村入户的綫路資金，還是不能受益；此外，還要有技術消化能力，技術消化能力不足也會使許多投資發揮不了應有的效益。

因此，畲族地區在外來“輸血”的同時，一定要增强自身的“造血功能”。這就是要根據本地的特點大力發展生産力，開發資源和開拓市場并舉，走出一條具有畲族山區特色的市場、技術、資源相結合的開發路子。

第二，要引導和幫助少數民族群衆擺脱封閉、單一的自然經濟狀態，向商品經濟發展，使少數民族地區經濟走上良性循環的道路。今後扶貧資金要重點幫助少數民族地區，扶持他們興辦鄉、村兩級經濟實體，增强民族地區經濟的“造血功能”。要提倡科技扶貧，抓好實用技術培訓工作，培養一批技術骨幹和能人，讓畲族群衆掌握一些實用技術。還要提倡有關單位與畲族貧困地區重點挂鈎的扶貧方法。我剛到閩東的時候就去過坦洋村，這是福安縣民委重點挂鈎的單位，靠巨峰葡萄脱貧。1988年人均收入700元。這應該説是卓有成效的。

第三，要充分利用民族地區同其他地區的自然地域分工條件，發揮當地自然資源優勢，根據民族的特點建立自己的“種、養、加”的經濟模式。比如辦好庭院式經濟，按户創建小果園、小茶園、小山村、小池塘，大力發展鄉村企業等。提倡短中長結合，種養加結合。我走了幾個地方，像巴地、崇儒等地都是靠蘑菇、食用菌、生猪、茶葉等項目發展起來的。這些都是中短期項目，投資少，見效快。當然，還要有一些中長期項目，這關係到後勁問題。

一般來説，由于傳統的原因和客觀因素的制約，少數民族地區經濟發展水平較低，科技力量薄弱，交通運輸不便，人才短缺，但自然資源十分豐富；非少數民族地區經濟發展水平較高，科技力量雄厚，交通運輸便利，人才濟濟，但自然資源相對匱乏。這樣一種反差，决定了閩東畲族地區的發展要走一條“雙嚮開放”和“雙嚮開發”的道路。

“雙嚮開放”即對内、對外同步開放。一方面積極参與本地區和沿海經濟發達地區的市場競争，加强外引内聯，大力引進信息、資金、技術和人才，進行優勢互補；另一方面，積極参與國際市場的競争和交换，努力發展外嚮型經濟，促進本地區經濟的全面發展。

“雙嚮開發”即資源和市場同時開發。一方面大力開發本地區的“山海田”資源，開闢與之相關的加工工業和第三産業，推動農村商品經濟的發展；另一方面，要開發市場，開拓商品流通渠道，根據市場需要努力發展種植業、養殖業和與之配套的加工業，爲廣大農村特别是畲族地區大量剩餘勞動力提供更大的用武之地。

從立足于本地資源這個角度看，我們很有必要樹立“市場爲主導”的戰略思想，并由此確立一條“市場—技術—資源”的發展戰略。大家知道，自然資源不等于經濟資源，自然優勢也不等于經濟優勢。自然資源祇有同市場結合，纔是經濟資源。利用和開發資源必須着眼于社會需要，商品必須是市場需要的商品。所以，少數民族地區利用自然資源發展商品生産，首先必須考慮市場需要，同時要考慮本地區技術條件能否適應，然後纔去開發資源優勢。另外，自然資源不一定都能直接産生經濟效益，它往往需要經過多次開發、多次增值纔能充分顯示出經濟上的綜合效益。比如，許多土特產品的製作原料來自野生植物，如果單純地進行自然采伐（摘），不一定能獲得較好的交換價值；如果面嚮市場，并根據一定的技術條件，對原料進行必要的加工，其產品的使用價值和交換價值會比原料高出許多，經濟效益就會明顯提高。可見，走“市場—技術—資源”的路子，有利于民族地區對自然資源進行更深層次的開發，有利于提高資源利用率和綜合經濟效益。閩東畲族地區的經濟發展雖然起步晚些、基礎差一些、限制條件多一些，但發展商品經濟的潛力還是很大的。畲族地區要真正實現脱貧致富，就必須首先考慮如何增强經濟自主的能力和經濟發展的内在活力，走出一條適應于自身發展的路子。這就需要實現觀念上的變革，提高勞動者的素質，并下功夫在“山海田”上做文章，大力發展鄉鎮企業，從而推動農村經濟的全面發展，實現從貧窮到富裕的根本轉變。

三、從戰略的高度，大力培養少數民族幹部。

毛澤東同志曾指出：要徹底解决民族問題，完全孤立反動派，没有大批少數民族出身的共産主義幹部是不可能的。少數民族幹部與本民族有着天然的聯繫，善于反映少數民族的意願和要求，是我們在民族地區貫徹執行民族政策的紐帶和橋梁。在民族地區的具體工作中，少數民族幹部有着特殊的不可替代的重要作用。所以，大力培養少數民族幹部，是黨的一項重要政策，是解决民族問題的關鍵。從總體上説，我們閩東的少數民族幹部還是偏少的。這個問題需要我們立即花大力氣去抓。特别應强調三個方面：一是要繼續培養和不斷提高現有少數民族幹部的素質；二是注意發現和培養少數民族幹部的後備力量；三是少數民族領導幹部在地、縣二級要有一定的比例。對少數民族聚居在千人以上的鄉、鎮應創造條件，至少要配備一個少數民族的副職領導。對少數民族幹部的培養要樹立長遠觀念，即要注意從中小學開始培養各方面的人才，辦好現有的民族小學、民族中學，提高教學質量，擴大少數民族的教育面。没有民族學校的地方要注意吸收少數民族子弟入學，要爲大學輸送更多的少數民族大學生，還可以采取代培或者定嚮招生的辦法培養少數民族的大中專學生。

四、繼承和發展少數民族文化問題。

任何民族都有其區别于他民族的文化傳統。民族文化傳統是一個民族世世代代積纍而成的精神財富，是一個民族發展的動力和源泉。各個民族的傳統文化都有自己的特點，這些特點的綜合豐富了人類的文明。中國是多民族的大家庭，中華民族的文化是各民族文化的總和，其中當然也包含少數民族文化。

畲族人民在漫長的歷史歲月中，創造了光輝燦爛的文化，這不僅是畲族人民自己的瑰寶，也是我們國家的一份寶貴的財富。畲族文化爲畲族的延續和發展起到了積極作用，在實現社會主義現代化過程中一定要讓畲族文化更加發揚光大。首先，要繼承和發揚畲族文化傳統中優秀的部分。畲族語言、畲歌、畲族服飾，這些都是最基本的文化，都應當很好地繼承。我在幾個畲村瞭解到，有些小姑娘不會梳畲族髮型，有的連畲語也不會説。可見，繼承民族傳統文化對年青人來説，尤其必要。其次，要抓緊挖掘整理畲族文化遺産，如畲歌、民俗、民諺、民樂、舞蹈、故事等，要組織力量進行深入探討，取其精華，古爲今用。我覺得畲族歌舞就很有特色，很有風采，還有畲族的傳統歌會完全可以加工升華一下。要抓緊修建畲族博物館，辦好畲族研究會和畲族歌舞團，以豐富我國多民族的文化寶庫。其三，要努力豐富畲族人民文化生活，積極引導群衆開展各種健康有益的文體活動，建立或完善民族文化站、文化中心、山村俱樂部、文化活動室、圖書閱覽室等。總之，要多層次、多形式、多渠道地發展與時代相適應的民族群衆文化事業。

五、加强對民族工作的領導。

民族工作十分複雜，涉及面廣，政策性强，各級黨政領導要經常過問民族工作，行動上要尊重少數民族的合法權益，在經濟、文化、教育、衛生等方面，對少數民族都要有適當的照顧。切實幫助少數民族解决迫切需要解决的問題。

各級民委、各級民政部門要加强服務觀念。作爲黨和政府聯繫少數民族群衆的橋梁，作爲黨委和政府在民族工作方面的參謀和助手，民委和民政部門要把搞好民族工作作爲自己崇高的職責，要經常深入畲族聚居地瞭解畲族人民的生活，及時反映和解决問題，切實地把黨的方針、政策同民族工作的具體實際結合起來。

制定和實施產業政策的現實選擇

（一九八九年七月）

閩東地區經濟的落後是多種原因造成的，其中重要的原因就是貧困地區的產業結構不盡合理。現有的產業結構難以進行企業之間的生產聯繫和協作配套，難以進行區域內部的互補協作，難以形成名優特產品的宏大陣勢，致使沿海優勢發揮不够充分，山區資源開發步伐緩慢。所以，制定和實施以完善產業結構爲目標的產業政策，已是當務之急。

應該看到，當前正是調整產業結構的大好時機。正在進行的治理經濟環境和整頓經濟秩序的總體任務有兩項：一是總量控制，表現爲控制經濟規模的過快膨脹和經濟速度的過快增長，冷却過旺的社會需求；二是結構調整，表現爲强化農業、基礎工業、基礎設施和技術產業，弱化加工業。這正和我們制定產業政策的迫切需要相吻合——從某個角度來説，產業政策是對產業間資源的合理配置，以優化產業結構和提高產業素質爲目的的宏觀調控政策。那麽，閩東應當實施什麽樣的產業政策呢？這要從閩東的實際出發。

第一，要立足于“大農業”的區情。閩東以農業爲主，工業產值的大部分是來源于利用農副產品加工的行業。閩東工業的發展不僅在過去和現在，就是在將來相當長的時間内也都離不開農業。所以我們制定產業政策的思路，應當是緊緊圍繞農業發展工業，以發展工業來支援農業。

第二，依區情區力，量力而行。合理的產業結構是相對于一定的時間、地點、條件而言的。以產業政策推進產業結構的優化，衹能以該地區所給定的條件爲出發點。閩東目前的經濟發展水平是：人均國民收入基本維持温飽水平；勞動力多，農業勞動力占勞動力總數的70%以上；全區鄉以上工業企業1000多家，產值千萬元以上的僅十家；財力、物力有限，資金短缺。在這種情况下，要使產業結構趨于協調，首要目標是合理化，而不是單純追求見諸表面的“高水準”。產業結構調整不能計較一時一地一事的得失，應着力于增强後勁，着眼于最終發展。產業政策的制定要以提高經濟效益爲中心，有利于充分挖掘現有潛力和各種有利因素，着重發展農業、基礎工業和基礎設施。對于已經確定的重點建設工程和重點技改項目，要采取傾斜政策，重點保證投入需要，争取早建成、早投產、早見成效。

第三，因地制宜，發揮區域優勢。閩東的山海資源，有着明顯的差异性，但全區產業結構從存量角度看，基本上呈均衡分布，資源的差异性與產業結構的趨同現象并存。在這種情况下，難以進行區域内部的互補協作，區域内的資源優勢也得不到充分發揮。產業政策的制定應着眼于不同區域的優勢，“雲生從龍，風生從虎”，我們要確定不同區域的產業結構調整的重點，尋找突破口，使資源的差异性和產業結構的差异性相吻合。

第四，根據自力更生的方針，工業的發展要與自我平衡能力相適應。從國力、省情來看，閩東的產業結構調整，以及工業的發展，想更多地依賴外來的財力、借助外來的力量是不切實際的。我們要立足于自力更生，也就是説工業發展要與自我平衡能力相適應。自我平衡能力是一個廣義的概念，包括資金、技術、人才、資源的綜合平衡能力。自我平衡要本着“先急後緩、先易後難、由點到面、循序漸進”的原則進行。排出近期產業和產品發展序列，提出具體支持、鼓勵或限制、禁止的產業和產品名單。要區别對待各類產業，對制約我區工業發展的“瓶頸”產業要優先發展，嚴格限制一般性長綫加工業的發展。對于加工工業，要在總量抑制的同時，進行内部結構調整，以求規模適度和結構合理。

總的原則是：從需求狀況和消耗狀況上說，對于那些長綫而又高耗的加工産業，要堅决予以收縮乃至取消；對于那些短綫而又低耗的産業，要大力予以扶持；對于那些短綫高耗或長綫低耗的産業，或者幫助其降低消耗，或者引導其進行産品結構調整。從加工程度和消耗狀况上說，對于那些加工程度低而又高耗的加工業，要堅决停辦；對于那些加工程度高而又低耗的加工業，要大力扶持；對于那些加工程度高而消耗也高的加工業和加工程度低而消耗也低的加工業，要幫助其降低消耗程度或增加加工深度、精度。加工工業總量收縮後産生的要素性資源相對增量要向農業、基礎工業和基礎設施傾斜。近期，要傾斜到能源、交通、通訊等基礎設施和原材料工業建設，以逐步緩解基礎産業滯後帶來的矛盾。能源建設要抓好三條輸變電綫路建設，搞好水電資源綜合開發利用。我一貫主張"先有錢、先辦電"。可集資上小型電站，尋求外資上中型電站，逐步形成以閩東水電爲主，又與省電網聯網調峰相結合的電力工業體系。交通要抓好現有公路路面改造，修通縣際斷頭路，開發鄉村公路。海運要以賽岐爲中心，加緊下白石3000噸級碼頭的擴初設計，争取組建海運船隊，開闢遠距離航綫和外圍航綫，形成海運網絡。要加快郵電通訊事業的發展，以提高全區郵電網絡自動化水平爲目標，加快重點地區的發展，提高中間地帶的通訊水平，推進貧困鄉村的郵電建設。

第五，立足區域優勢，科學地選擇主導產業。沿海縣和山區縣，不僅自然資源有异，而且勞動力資源、交通、能源、原材料、技術條件、經濟基礎等方面也有所不同，所以要揚長避短地選擇主導（支柱）產業。沿海縣市宜更多地利用兩種資源、兩種市場；山區縣主要走資源轉化型的路子。根據我區產業結構的現狀及其發展條件，近期宜建立食品、輕紡、小型機電三大主導產業。具體對策是，優先鞏固發展食品工業，擇優發展輕紡工業，促使小型機電形成規模。目前各縣都有幾個發展前景較好的拳頭產品，如古田的食用菌深加工，霞浦的按摩器、“三菜”加工，福安的電機、鐵合金，柘榮的製藥等。對于這些原料足、市場銷路好的重點產品要以它們爲龍頭，發展符合專業化協作要求的企業聯合體或企業集團，促其上批量、上規模，追求規模經濟效益。

以上述五個方面爲基本出發點，我相信閩東制定的產業政策就不會是無源之水、無本之木了。那麼，在充分調查研究溝通協調的基礎上，預測宏觀經濟背景下我區經濟環境的演變趨勢，我們就可以大致制定出指導實施產業政策（包括近期、中期、長期三個層次）的統一規劃。

近期目標：對影響財政收入較小、就業人員不多、產品無前途的中小型加工業企業堅决實行限產或停產，用兼并、租賃、拍賣、重組等方式加以消化；從長遠戰略出發，確定閩東自身的支柱產業和重點產品，在緊縮的條件下集中有限的經濟資源進行傾斜投入，支持其渡過市場疲軟的難關并爲今後的發展打好基礎。

中期目標：從支柱產業和重點產品出發，梳理與之相匹配的其他產業的聯繫，促進關聯產業進行產品結構調整，形成支柱產業帶動關聯產業的“輻射”式產業體系，并對支柱產業中的重點企業和關聯產業的重點部位進行技術改造和設備更新；在進一步壓縮一般加工產業的長綫、劣勢產品生產的同時，發展地方特色產品、邊緣產品、爲基礎產業配套產品，提高生產的專業化程度，增强生存和競爭能力。同時，鼓勵爲生產服務的第三產業的發展，改善軟環境。

長期目標：在近期、中期目標實現的基礎上，進一步運用經濟資源存量調整和增量傾斜的辦法，較爲廣泛地在支柱產業和關聯產業中采用先進技術和設備，完善產業組織體系，進一步振興第三產業，最終達到優化產業結構和提高產業素質的目的。

困境的突破

——貧困地區發展鄉鎮企業的思路

（一九八九年十月）

伴隨改革開放的大潮而异軍突起的鄉鎮企業，已經成爲農村商品經濟發展的生力軍，在貧困地區的政治、經濟和社會生活中發揮越來越重要的作用。這幾年閩東開放、開發的實踐已經雄辯地證明了這一點。

但是，我們應當清醒地認識到：隨着治理整頓的逐步深入，鄉鎮企業正面臨生存和發展的關鍵時期。爲什麼説關鍵呢？一是鄉鎮企業通過近幾年來的迅速發展，已開始進入鞏固、完善、優化的階段，今後的兩年内，“量”的發展將受到嚴重制約，面臨如何在“質”上提高的嚴峻課題；二是當前市場疲軟、銀根緊縮，加之原材料與能源短缺，迫使鄉鎮企業從調整産品結構中尋找新的出路；三是在前一段發展中鄉鎮企業暴露了不少自身的弱點，需要自我完善，增强競争能力，以利今後發展。

我們説，鄉鎮企業已經到了興衰成敗的關鍵時期，其目的就是提請大家注意要從宏觀上把握鄉鎮企業的發展方嚮。

現在的鄉鎮企業，是在農村統分結合的雙層經營體制下，由鄉（鎮）辦、村辦或農户聯辦的企業。也可以説，鄉鎮企業是農民興辦的具有“鄉社”性質的集體所有制企業。因此，它具有社會主義性質，主體是積極、進步的。有的人一説起鄉鎮企業就把它當成是單一由市場調節的産物。這是一種誤解。鄉鎮企業體現的首先是社會主義的原則，它不僅基本上堅持了生産資料的公有，而且基本上實行了按勞分配原則。由于鄉鎮企業的社會主義性質，它必須直接或間接地受到社會主義的有計劃、按比例發展這一宏觀經濟運行機制的制約。當然，鄉鎮企業是農民集體辦的“民”字企業，同“國”字企業不同，它的産、供、銷并不直接列入國家計劃系列，主要置于市場調控之中，所以，鄉鎮企業的經濟運轉機制的最顯著的特徵是計劃與市場調節相結合。

把握了這一點，鄉鎮企業發展的導嚮就比較明確了。這就是：有計劃按比例規律與價值規律相互作用，相互協調，共同導嚮。具體地説，鄉鎮企業的發展戰略、資源總配置、社會總供求以及資金利率、税率、匯率等方面必須遵守計劃經濟的調控。企業生產經營可以按照經濟利益、價值規律的要求，自由、直接地參加市場交換和競争。

當然，對鄉鎮企業的計劃調控，有别于對國營企業的計劃管理。首先，國家對鄉鎮企業的經濟運行不直接干預，不能下達指令性計劃。其次，國家對鄉鎮企業主要着眼于總量計劃，從宏觀上調控它的發展規模和速度。第三，國家對鄉鎮企業的管理，主要運用經濟手段，實施間接的計劃調節。第四，鄉鎮企業在計劃調控中具有一定的靈活性。這種靈活性體現在：鄉鎮企業在總的計劃軌道運行中可以有一定的彈性，能够及時地修正計劃。

總之，鄉鎮企業的發展必須同宏觀經濟的發展計劃相吻合，同整個經濟發展步伐相一致。在這個前提下，作爲貧困地區的鄉鎮企業，還要充分認識自己發展上“先天不足、後天失調”的弱點，努力在適應中發展，在發展中提高。

基于上述分析，鄉鎮企業的發展必須尋求好自己的立足點。

首先要立足于“土”。土生土長，具有濃厚的閩東鄉土氣息。閩東的鄉鎮企業是以種、養、加工起步的。這幾年的實踐證明，這種起步方嚮是對頭的，發展是健康的。立足于山海資源，鄉鎮企業就成爲“有源之水，有本之木”，發展的路子就會越來越寬廣。在這方面我們已經嘗到了甜頭。一些鄉鎮企業對茶、果、竹以及海珍品等山海資源進行加工開發，生産出一批有地方特色的産品，例如，霞浦縣的香辣榨菜，福鼎縣的檳榔芋粉，壽寧縣的薏米乳精，福安市的香菇鬆、粒粒橙飲料等暢銷省内外市場，受到消費者的喜愛。還有一些縣對高嶺土、葉蠟石、珍珠岩、鎢礦、輝緑岩等礦産資源抓緊開發利用，也形成很有市場特色的産品。

其次要立足于“農”，爲大農業服務。隨着大農業的發展，爲農林牧副漁業各業配套服務的加工、儲存、包裝、運輸、供銷等類型鄉鎮企業將會生機蓬勃，有着廣闊的發展前景。

第三要立足于“特”，在市場“夾縫”中生存與發展。在這方面，閩東已發展了一批化工、機電、電子等企業，闖出了一條路子。比如霞浦縣的“松鶴牌”味精，福鼎縣的電子元件産品，周寧縣的活性炭産品等。但在開辦“技術、資金密集型”鄉鎮企業時，一定要慎而又慎，因爲我們没有這方面的優勢，衹能揚長避短，留强汰弱。

第四要立足于“外”。閩東地處福建沿海，所屬寧德、霞浦等縣市被列爲我國沿海經濟開放區。隨着對外開放的逐步深入，近年來，閩東的竹編、蜜餞、食用菌等産品已經源源不斷地銷往海外市場。這應當成爲全地區鄉鎮企業發展的一個重要方嚮。

總之，祇要我們從閩東的實際出發，加强對鄉鎮企業的指導、協調和扶持，我們貧困地區的鄉鎮企業同樣能突破“山窮水盡疑無路”的困境，達到“柳暗花明又一村”的新境界。

發揮人大作用，把閩東的事業推向前進

（一九八九年十一月）

閩東的發展，離不開人大工作。近年來，閩東各級人大的工作成績顯著，在全地區政治生活中發揮了越來越重要的作用。在新形勢下，我們還需要按照中央的精神，進一步探索人大工作規律，總結經驗，發揚成績，努力把人大工作提高到一個新水平。

首先，必須繼續提高對人大工作的認識。我國的人民代表大會制度是在戰爭年代逐步建立和發展起來的，是我國根本的政治制度。現在需要的是進一步加强和完善這一制度，而不是對制度本身有任何的懷疑和削弱。鄧小平同志明確指出，在政治體制改革方面，有一點可以肯定，就是我們要堅持人民代表大會制度，而不是美國式的三權鼎立制度。前一時期，曾一度出現“全盤西化”和淡化“人大作用”的傾嚮，這是要嚴肅批判的。堅持人民代表大會制度，就是在政治體制上堅持四項基本原則。我們各級幹部、黨員都要正確認識我們的國家制度、國體與政體，從建設社會主義民主政治、密切黨群關係、加强和改善黨對國家政權機關領導的高度，維護、尊重和支持人大工作，充分發揮它的重要作用。要加强對人大性質、地位、職權、作用的宣傳。一些人的順口溜如“大牌子、空架子、老頭子”以及“三級機關、橡皮圖章”等，説明他們對人大的認識還是片面、模糊的。宣傳人大成就，總結工作經驗，提高全社會對人大的認識，仍然是一項長期的工作，需要我們繼續作出艱苦努力。

第二，必須認真處理好黨委、人大、政府之間的關係。黨委、人大、政府三者之間的關係是明確的。黨委要把人大工作提上重要議事日程，切實擔負起領導責任，不斷改善和加强對人大的領導，在憲法和法律的範圍内善于通過人大黨組卓有成效的工作和人大中黨員代表的先鋒模範作用來貫徹黨的意圖，依靠和發動群衆，實現黨的政治主張。各級黨委要積極支持人大依法行使職權，樹立人大的威信，幫助解決實際問題。對于本地區的重大決策，凡應該由人大決定的，都要及時提交人大，經過法定程序變動爲國家意志。一旦形成決議或法規，政府部門就要認真貫徹落實，黨組織和黨員都要帶頭執行。要優化地方人大常委會組成人員的構成，人大幹部的選拔要德才兼備，班子要注意年齡的梯形結構和知識結構。同時，盡可能爲人大工作創造必要的條件，要特别注意解決人大機構中幹部的政治、工作、生活等方面的待遇問題。黨委和人大的關係中一個重要問題就是幹部任免問題。衹要雙方本着共同的原則，多協商通氣，是能够加以統一的。總之，人事任免工作既要體現黨管幹部的原則，又要體現人大和人民代表的監督作用。

人大與一府兩院的關係也很明確。監督權是憲法賦予人大的神聖職責，人大要理直氣壯地行使監督權，確保憲法、法律和法規在本行政區域内得到遵守和執行。政府和兩院要自覺接受人大監督，認真執行人大決議、決定，重視辦理人大代表提出的議案、意見和建議。

人大的監督是爲了更好地支持和促進政府的工作，應該是積極的監督。人大要善于抓大事，抓關鍵，而不是事無巨細，越俎代庖，對于年度計劃、財政決策等重大問題的審議，人大可以做到早參與，早研究，多通氣，力求縮小分歧，取得一致看法。總之，黨委、人大、政府共同堅持目標的共同性、利益的一致性，按照黨章和憲法的有關規定辦事，就可以把三者關係處理得更好，即使出現一些問題，也容易得到妥善解決。

第三，抓大事，抓關鍵，積極發揮人大的職能作用。新的形勢對人大工作提出了更高的要求，要求我們站得更高，視野更開闊，情況掌握得更多，分析得更準確。人大要做的工作很多。在千頭萬緒的工作中，我們要根據實際，精心安排，抓住國民經濟和社會發展中的關鍵性問題，抓住群衆反映最强烈的問題，根據人大工作的規律和特點，認真行使職權，切實抓出成效。當前，要圍繞治理整頓和深化改革，抓重點、難點和熱點問題。1990年治理整頓和深化改革的任務十分艱巨，我區不穩定的因素還相當突出，熱點問題還很多，如庫區移民、民間標會、地下宗教活動、企業停産停工以及對蝦、蘑菇、茶葉等支柱産品價格下跌等。這些問題解决不好，就會影響到安定團結，干擾治理整頓和深化改革的進行。因此，地方人大要加强調查研究，在弄清問題、把握情况的基礎上，抓住幾個帶全局性、影響大的問題，按照法定的程序作出决議、决定，認真監督政府實施。這樣就能有力地促進全區脱貧致富、振興經濟工作，使之繼續協調、健康地向前發展。人大的調查研究，有其顯著的特點：一是重大經濟和社會發展問題的調查研究比較多；二是群衆反映强烈的問題比較多；三是有關法制、法規建設的問題比較多；四是民主政治建設如换届選舉、基層政權建設等方面的調研比較多。這些問題的研究和解决有助于推動我們的各項工作，因此，人們有理由希望人大的調研做得更好、更扎實。

第四，切實加强人大的自身建設。幾年來，各級人大在不斷總結經驗，不斷剋服困難中探索前進。但是爲了適應形勢發展和工作需要，仍然要花大氣力，下大功夫抓好人大的自身建設。人大的自身建設包括思想建設、制度建設、組織建設、機關建設、工作委員會建設等。通過加强自身建設，不斷提高議事水平，進一步發揮地方權力機關的作用。

加强人大的自身建設，還有一個很有意義的工作，就是要幫助提高人民代表的素質和水平。人民代表是黨和國家聯繫人民群衆的紐帶和橋梁。發揮人民代表作用，是搞好人大工作的關鍵所在。我區農民代表比重大，他們文化程度偏低，居住村落分散，活動困難，要幫助他們更好地履行職權，提高代表意識和參政議政能力。要使代表不但在人代會期間有活動，而且在會前會後也參加活動。要進一步加强人民代表工作，經常和他們保持密切的聯繫，定期組織視察和調查，以充分發揮人大聯繫群衆、反映民意、解決矛盾的重要作用。

積極穩妥地推進共青團的改革

（一九八九年十月）

我們已經認識到了共青團工作改革的緊迫性和必要性。要解決改革開放過程中共青團工作不太適合形勢發展需要所出現的新情況、新問題，堅持并深化改革，纔是唯一的良藥。堅持什麽樣的改革呢？首先必須明確：共青團的性質没有變，仍然是黨的助手和後備軍，這是改革的最基本前提。青年人朝氣蓬勃，改革之心甚熾，一説到“改”字，就想到“有聲有色”、“如火如荼”，期待一夕成功，希望一步到位；但改革是“前無古人”的事業，特别是當經濟方面的改革不斷深化時，極易引發各種錯綜複雜的矛盾和問題，稍有不慎，必將使整個改革工作受到影響，甚至蒙受損失。所以，共青團工作的改革，既不能“雷聲大，雨點小”，也不能急風驟雨，我們的改革衹能是積極穩妥地推進。也就是説，膽子要大，步子要穩，態度要堅决，實施要謹慎。積極和穩妥是一個過程的兩個方面，它們之間是辯證的統一關係。我們必須認識和尊重團的改革的規律性，循序漸進，力戒冒進，總體改革的設計必須是目標方案、過渡性方案和分步實施方案相互銜接配套，不求一步到位。

積極穩妥地推進改革應該是我們共青團工作改革的方針。根據這個方針，我們應該正確處理好以下幾個問題：

一、既要順應改革的大潮流，又要從本地區的實際情况出發。全國的改革開放，向共青團提出了新的要求，也爲共青團的發展提供了機會和良好環境。共青團要搭上改革這趟列車，不能落後。共青團工作的改革要合時代的節拍，必須有“全國一盤棋”的思想，但又不能搞一個模式，全國一刀切；應當從當地的實際出發，使共青團改革更適合當地的需要。比如説，閩東共青團工作的改革必須結合閩東的實際。閩東是貧困地區，脱貧致富是閩東經濟的整體戰略。團的改革工作就有一個如何服從這個戰略需要的問題。閩東的大部分青年在農村，共青團組織應當發揮作用，出謀獻策，爲他們找致富的門道，爲青年發揮才智創造機會、提供條件。團組織要加强與當地鄉鎮企業和有關部門的聯繫，如果能在共青團組織的支持幫助下，多出幾個青年企業家，我想我們的工作就有成績了。看一個地方團的工作改革得好不好，首先要看這個團組織所進行的改革是不是有利于當地脱貧致富的工作。

二、既要服務于黨的中心工作，又要適合青年特點。共青團作爲黨的助手，承擔黨交給的任務，圍繞着黨的中心工作開展活動。我想，這些都應當是無可爭議的。我國目前正處在社會主義初級階段，黨的中心任務是集中力量進行現代化建設，基本點是堅持四項基本原則和改革開放。因此，共青團在思考問題、安排工作、制定規劃時都必須以黨的基本路綫爲依據，否則就會偏離方嚮。同時我們還應考慮共青團的年齡特點。青年有別于少年和中年，在生理、心理、利益和要求等方面都有自身的特點。毛澤東同志在《青年團的工作要照顧青年的特點》一文中指出："青年就是青年，不然，何必要搞青年團呢？青年人和成年人不同，女青年和男青年也不同，不照顧這些特點，就會脱離群衆。"共青團必須有自己豐富多彩的活動内容和生動活躍的工作方式，把思想性、知識性、趣味性結合起來。團的工作必須面嚮青年，着眼于青年人的大多數，共青團組織衹有把整個青年一代團結起來，組織起來，纔能完成黨的重托，用共産主義思想教育青年，把青年一代培養成爲有理想、有道德、有文化、有紀律的共産主義新人。

三、共青團既要維護全體人民的利益，又要代表和維護青年的具體利益。共青團首先要以黨的利益爲重，以國家的、人民的利益爲重。共青團的工作必須有利于國家的穩定、各民族人民的大團結、社會經濟持續穩定的發展。但這并不等于説，共青團就不講青年人的利益了。共青團祇有正確地表達青年的意願，纔能密切地聯繫青年；祇有全面地關心青年，纔能更有效地發揮黨和政府聯繫青年的橋梁作用。怎樣代表和維護青年的具體利益呢？要熱心地幫助青年提高思想道德素質和科學文化素質，促進青年全面發展；要及時正確地反映青年人的呼聲，保護青年人的正當權益；要爲青年人辦好事、辦實事，盡心盡力地幫助青年解決實際困難。

四、共青團既要正確地代表青年的利益，又要正確地引導教育青年。上面談到共青團要代表并維護青年人的利益，與此同時，還應解決如何引導教育青年的問題。在改革、開放過程中，有大量的外國東西涌入，其中有不少腐朽、没落的東西，首當其衝、最易受影響的是青年。我們説要防止帝國主義的和平演變，這決不是喊幾聲“狼來了”，而是“狼”確確實實已經來了。社會主義陣地，我們一寸也不能丢。共青團要做到寸土不讓。青年人往哪裏去，有一個方嚮問題，共青團必須引導好。我們要在青年中提倡學習馬列主義、毛澤東思想，反對資產階級自由化，也反對封建的腐朽思想。共青團可以引導青年更多地學習馬克思主義的哲學。青年人喜歡探索。更好更多地掌握唯物主義辯證法，對青年人探索真理，對青年人的成才都是很有幫助的。

建設好貧困地區的精神文明

（一九八九年十二月）

精神文明建設是實施脱貧致富戰略的重大内容之一。我們已經在貧困地區興起了精神文明建設之風，我們還應繼續探索建設好閩東精神文明的路子。

一

首先，有必要澄清下列認識問題。

一、正確認識脱貧致富和建設精神文明的關係。

社會發展史告訴人們：人類生活需求有兩個方面，即物質生活需要和精神生活需要。人類爲自身的生活需要從兩個方面開展認識世界和改造世界的活動，即物質生産活動和精神生産活動。因此，追求物質文明和精神文明是社會進步的内在驅動力。脱貧致富從直觀上説，是貧困地區創造物質文明的實踐活動。但是，真正的社會主義不能僅僅理解爲生産力的高度發展，還必須有高度發展的精神文明——一方面要讓人民過上比較富足的生活，另一方面要提高人民的思想道德水平和科學文化水平，這纔是真正意義上的脱貧致富。歷史唯物主義認爲，生産力是一切社會發展的最終决定力量，生産關係和上層建築决定于生産力并必須與生産力的狀况相適應，但是，生産關係和上層建築對生産力又有反作用。貧困地區要走上富裕的道路，歸根到底取决于生産力的發展，爲此，集中力量搞經濟建設，成爲我們最緊迫的中心任務。我們相信，經濟的不斷發展必將爲推動精神文明建設提供更堅實的物質基礎和條件。我們也看到由于貧困地區底子薄，自然資源短缺，經濟發展不平衡，商品經濟水平低，脱貧致富的過程將充滿艱辛和困難。這就要求我們在抓經濟工作的同時，要加强精神文明建設，以更好地調動廣大幹部群衆的積極性和創造性去戰勝艱辛和困難，通過提高整個社會的科學文化水平，以科技扶貧加速致富的進程。可見，物質文明建設和精神文明建設是貧困地區脱貧致富過程的兩個方面。兩者相互關聯，相互協調，相互促進。那種“一手硬，一手軟”的傾嚮，那種認爲物質文明建設是“硬勞動”，精神文明建設是“軟勞動”，重硬輕軟的做法，那種認爲商品生産發展了，脱貧問題就自然而然地解决了的想法，都是違反辯證法的。我們脱貧致富的指導思想很明確：一方面把發展商品生產，建設社會主義經濟作爲根本任務和中心工作來抓，另一方面把蕩滌舊社會遺留下來的污泥濁水，净化社會風氣，提高人們的思想道德水平和科學文化素質作爲一項戰略目標予以重視。

二、正確分析精神文明建設的歷史和現實：發揚成績，糾正失誤；調動積極因素，轉化消極因素。

我們有精神文明建設的歷史，這些年我們開展了以“五講四美三熱愛”爲内容，治理“髒、亂、差”爲突破口的文明禮貌活動；開展以“優美環境，優良秩序，優質服務”爲内容的創建文明村鎮活動，還開展了以老區革命傳統教育爲先導，以“兩德”建設爲重點的“愛我閩東，建我閩東”系列活動。特别是1988年以來，我們在“樹立精神文明支柱、抓精神文明細胞建設”方面，在抓精神文明建設目標責任制、軍警民學雷鋒共建精神文明方面，在抓社會治安治理、開展“掃黄打醜”“除六害”方面，工作開展得有聲有色，所取得的成績也是有目共睹的。但是，我們也應當清醒地認識到：從整體上説，社會風氣有了好轉，但并没有根本好轉；社會主義教育較爲普及深入，但舊社會遺留下來的一些問題又沉渣泛起；農村思想政治工作還相當薄弱，集體主義觀念有所淡化，還有相當多的文盲、科盲、法盲，迷信思想也在阻礙科學文化知識的普及和提高。這些都表明，我們所面臨的現實還是很嚴峻的，千萬不能掉以輕心。在充分認識成績和問題的基礎上，我們有必要辯證地分析在今後建設社會主義精神文明的過程中，有哪些積極因素可以調動，有哪些消極因素應予轉化。

全國上下正在形成精神文明建設健康發展的氣候，由于各級黨組織的高度重視和人民群衆的廣泛參與，精神文明建設已由起步和打基礎階段過渡到全面推廣階段，我們積纍了一定的經驗，也涌現出一大批先進典型，廣大幹部群衆的文明意識得到啓發和提高，十多年來的改革開放使國民經濟實力有了一定提高，人民群衆的生活水平有了明顯改善，這爲精神文明的建設提供了日益豐富的物質條件；還有，閩東是老區，有着光榮的革命傳統……毫無疑問，這些都是我們建設閩東精神文明的有利條件與積極因素。

當然，我們也應當看到：閩東地理條件較差，交通不便；農村的文化知識水準較低，小學文化程度、文盲、半文盲還有相當大的面積；迷信活動、宗族勢力等封建陋習也有相當的基礎；特別是商品經濟還未形成，經濟基礎也制約了上層建築的發展——這些都是我們前進中的問題，都是阻礙精神文明建設的不利條件與消極因素。

三、正確處理精神文明建設中“破”與“立”的關係。

精神文明建設中的“立”與“破”是同一個過程的兩個方面。提高人們的思想道德水平，必須進行正面教育和宣傳，也就是采用“立”的手段。馬克思主義認爲，科學社會主義意識不可能在工人運動中自發地産生，這種意識衹能從外部灌輸進去。我們所講的灌輸，就是用馬克思主義的立場、觀點和方法去宣傳群衆、武裝群衆、教育群衆。通過一系列艱苦細緻的思想政治工作，使愛國主義、社會主義、集體主義思想扎根于人民群衆心中。這就是“立”。可以説，“立”是我們黨的政治優勢。當然，僅有“立”還是不够的，封建主義的東西，資本主義腐朽没落的東西，你不打，它就不倒。這就需要“破”——通過批判，揭露假、惡、醜，使它們失去人心、失去市場。讓人們在思想認識上自覺地抵制這些東西的侵入。同時，還要采取有力的手段，運用法制、行政的手段，堅持打擊封建主義、資本主義腐朽的東西，持久、深入地開展掃黄打醜鬥争。

總之，“立”和“破”，都是精神文明建設中不可缺少的。不破不立，不立不破，相輔相成，殊途同歸。如果我們對聚衆賭博、封建迷信、賣淫嫖娼熟視無睹，不去打擊，那麽還有什麽“崗位學雷鋒、行業樹新風”可言？如果我們以爲靠幾次打醜掃黄就可以高枕無憂，那麽，在人民群衆的思想還没有得到普遍提高，缺乏自覺抵制力的情况下，醜惡現象的死灰復燃是隨時可能發生的。

二

我們要建設具有閩東特色的精神文明，就需要立足于閩東的實際，把思想道德教育和科學文化建設貫穿于脱貧致富的整個過程。

歷史唯物主義告訴我們：人的社會意識、思想觀念和科學文化知識無不來源于社會實踐。因此，脱貧致富的實踐過程不但是我們改造客觀世界、建設物質文明的過程，也是我們改造主觀世界、建設精神文明的過程。

發展社會主義商品經濟是閩東脱貧致富的根本出路。我們應該把發展社會主義商品經濟與提高閩東人民的精神素質統一起來。社會主義商品經濟是以社會主義生產關係爲基礎、以公有制爲主體、按勞分配爲主的經濟關係。這種經濟關係從根本上否定了資產階級以榨取工人創造的剩餘價值爲前提的“唯利是圖”的價值觀念，而這種價值觀念正是資本主義社會一切罪惡的根源。社會主義的勞動者是生產資料的主人，這種主人翁地位决定了勞動者之間的平等互助的同志式關係。新的價值觀念的主體是：個人作爲社會的一分子必須對社會有所作爲，有所貢獻。因此，社會主義商品經濟的發展對于新時代文明和道德的發展有着重大的現實意義。但是，這并不等于説，衹要社會主義商品經濟發展了，精神文明就自然而然地發展了，我們不能劃這個等號。二者的關係不是必然的關係——社會主義商品經濟的發展，衹是爲精神文明的發展提供了前提條件和可能。商品經濟畢竟有其固有的一些消極屬性，資産階級極端利己主義的價值觀念還不時地在毒化人們的心靈，拜金主義還會在一些人的頭腦中膨脹，社會主義初級階段還存在商品拜物教。因此，我們在發展社會主義商品經濟的同時，毋忘加强思想政治工作，要加强社會主義精神的培養和道德素質的修養。我們必須有意識地促使人們在商品經濟活動中逐步地認識商品生産的規律，學習和掌握商品生産經營的知識，逐步形成與現代生産和生活需要相適應的思想觀念、道德品質和生活方式。

社會主義公有制經濟是脱貧致富的主導力量。我們應當有意識地增强社會主義公有制經濟的力量，以不斷培養人們的集體主義、社會主義精神。在城鎮，我們要完善企業的承包制，增强鄉村兩級的集體經濟。應該讓人們親身體會社會主義公有制經濟的優越性，感受到集體利益與個人利益休戚與共的關係，從而增强建設社會主義的責任感和信心——這對道德的進步、思想覺悟的提高都具有不可估量的影響。

科學技術是脱貧致富的關鍵。我們應當有意識地在推進科學技術進步的進程中，不斷提高人們的科學文化素質。建立在科學技術進步基礎之上的生產實踐，是人們提高科學文化素質的最廣闊的課堂。依靠科學技術進步可有效地提高勞動者的素質。在農村，我們還有相當數量的文盲，也必須通過科技興農的活動，給掃盲以動力和壓力。應當强調的是，科學既要用于生産，又要用于精神生活。特别是在農村，要把科學技術進步同社會主義教育結合起來，促進農村全面發展。

移風易俗，提倡文明的健康的生活方式是脱貧致富的必要條件。我們應當有意識地從政策上規範人們的行爲，引導人們把生活建立在文明健康的共産主義道德軌道上來。文明禮貌、愛護公物、遵守公共秩序、維護社會治安、尊重他人、潔身自好、尊老愛幼等等都是文明社會所不可缺少的。我們切不可物質上脱貧了，精神上却愚昧了。我們需要的是“倉廩實而知禮節”“衣食足而知榮辱”。現在農村有些地方致富以後就大興土木修廟建墳，求神拜佛，這很值得我們深思。

老區革命精神是脱貧致富的强大精神支柱，我們要大力弘揚這種精神。閩東的老區人民在長期的革命鬥争中寫下了可歌可泣的輝煌歷史。無數先烈留給我們用之不盡的寶貴精神財富。老區的革命傳統，是閩東精神文明建設的精神優勢。在精神文明建設中，結合閩東的革命歷史和傳統，進行愛國主義和共産主義教育，其條件可以説是得天獨厚的。我們要在脱貧致富的事業中，在社會主義建設中不斷繼承老區革命傳統，發揚老區革命精神，每一個人都要“愛中國共産黨、愛社會主義、艱苦奮鬥、滴水穿石、鋭意進取、無私奉獻”。

三

精神文明作爲人類改造客觀世界同時改造主觀世界積極成果的總和，標志着精神生産的發展水平，也必然滲透在整個貧困地區物質文明建設中，體現在脱貧致富的經濟、政治、文化、社會生活的各個方面，其觸角愈變愈廣，覆蓋面愈來愈寬。精神文明建設的過程是現代文明與歷史和現實中存在着的精神愚昧相决裂的過程，隨着這一過程向縱深推移，必將遇到新的阻力，激化各種矛盾。扶正去邪、去僞存真、懲惡揚善、褒美貶醜的任務是十分艱巨的，不能指望一夜之間就會發生突變和飛躍，特别是在道德教育方面，如同積跬步而至千里、積小流而成江河，必須日積月纍纔能有收穫。所以，精神文明建設又必將是“滴水穿石”的一種過程。基于上述精神文明建設的特點，我們必須在建設好貧困地區精神文明建設這個問題上，肯花大力氣，能够打持久戰，善于采取好辦法。

我們的領導幹部不但要當好指揮員，還必須當好戰鬥員。考核領導幹部的政績，不但要看他們怎樣抓好物質文明建設，還要看他們怎樣抓精神文明建設。特别應當强調的是，領導幹部應率先垂範。廣大幹部群衆不但要看你講些什麽，還要看你做些什麽。如果一個領導幹部在臺上講反對資産階級自由化，在臺下却對西方的多黨制津津樂道；在臺上講要爲政清廉，在臺下却索禮受賄，大吃大喝，正如群衆所諷刺的“臺上他講，臺下講他”，那還有什麽人能相信他。

走群衆路綫，是我們黨的一大政治優勢。我們必須充分調動人民群衆參加精神文明建設的自覺性、積極性和創造性。對工人、農民、戰士、知識分子、青年學生、機關幹部、少年兒童，應當針對他們的年齡特點、職業特點，開展爲他們所歡迎的各種活動。比如：軍民共建、警民共建、評選精神文明標兵、評選五好家庭、評選文明街道、文明單位、文明村鎮等活動。精神文明建設不是哪一部門、哪些人的事情，而是全黨全民共同的事業。組織活動要立足于多辦使群衆滿意和高興的事情，而不是搞一些讓群衆厭煩的花架子，徒增群衆的負擔。應尊重群衆的意願，積極引導他們參與，而不是硬性地要群衆幹這幹那。

要抓重點帶一般，樹典型推全面。唯物辯證法主張兩點論和重點論的統一，這就要求我們提高精神文明建設的領導藝術和工作水平，在事物發展的複雜過程中，既抓住主流，又注意支流；既突出重點，又照顧一般；既樹立典型，又帶動面上。把這一方法加以運用，有助于提高精神文明建設的領導藝術和工作水平。這幾年閩東已有了不少典型，受國家、省地縣表彰的文明村鎮有178個，受地縣表彰的五好家庭有8萬個，受地區表彰的精神文明建設積極分子有195個，我們還要繼續樹典型，以此來帶動抓“細胞”。城鄉基層單位和千千萬萬家庭是社會的細胞，樹典型、抓重點就是要促進精神文明建設普及到城鄉、落實到基層。“細胞”優化了，整個社會的文明程度就會提高。抓“細胞”，反過來又有利于樹更多、更好的典型。

加强脱貧第一綫的核心力量

——建設好農村黨組織

（一九九〇年一月）

黨對農村的堅强領導，是使貧困的鄉村走向富裕道路的最重要的保證。如何在農村實現黨的領導，這是農村黨組織的歷史使命。如果没有一個堅强的、過得硬的農村黨支部，黨的正確路綫、方針政策就不能在農村得到具體的落實，就不能把農村黨員團結在自己周圍，從而就談不上帶領群衆壯大農村經濟，發展農業生産力，向貧困和落後作戰。

農村實行家庭聯産承包責任制後，相對集中的生産活動、社會活動减少了，但這不是一盤散沙，各幹各的，各顧各的。改革以後，更需要一種凝聚力，把大家、把千百户農民吸引到一起，發展商品生産。千百萬農民的團結奮鬥共同努力是脱貧致富的根本條件。講凝聚力，必須講核心，農村脱貧致富的核心就是農村黨組織。我們的農村黨組織能否發揮這樣的核心作用，直接關係到脱貧致富事業的凝聚力的强弱。

應該看到，這幾年農村絶大多數黨組織經受住了改革、開放、脱貧致富的考驗，成爲廣大農民發展商品生産的帶頭人。但是，也有少數黨組織落伍了，散夥了。在這些地方，黨組織的戰鬥堡壘作用不見了，黨員的先鋒模範作用不見了。究其原因，一是前些年一些黨組織在經濟工作和思想政治工作中没有堅持“兩手抓”，在政治與經濟工作中存在“兩張皮”，放鬆了思想政治工作，放鬆了黨的建設，特别是農村黨組織得不到應有的重視，農村黨員得不到應有的思想教育。二是有些農村黨員幹部對在新形勢下如何發揮黨組織的作用認識不足，認爲“包産到了户，不要黨支部”；有些農村黨員用金錢代替宗旨，用實惠代替理想，放弃了黨員的模範帶頭作用。

多年來積澱的這類問題使擺在我們面前的任務顯得格外艱巨，這并不是發幾個文件、開幾場會、處理一些黨員、進行幾次黨員評議就能奏效的。我們必須通過扎扎實實的工作——明確指導思想，擺好位置，純潔隊伍，改進工作方法——建設好農村黨支部，增强黨組織的凝聚力，加强脱貧第一綫的核心力量。

一、在指導思想上應該明確：我們共産黨人衹有順應群衆的共同意願，纔能代表群衆的利益，纔談得上去組織群衆、引導群衆，纔能充分發揮黨組織的領導核心作用。在革命戰争年代，我們黨之所以能把廣大農民群衆團結、吸引在自己的周圍，是由于黨領導群衆求得解放，通過打土豪、分田地、土地改革給農民帶來了實實在在的利益。而在不斷變革的今天，發展經濟、共同富裕是他們的共同願望。所以，農村黨組織要帶領廣大農民群衆投身于發展商品經濟的事業中，創造物質文明和精神文明，走共同脱貧致富的道路。這是黨組織一切工作的主旋律，農村黨組織的思想建設、組織建設、黨風建設、制度建設都應當圍繞着這個主旋律來“彈鋼琴”。黨組織必須建設成爲帶領農民群衆爲實現黨的路綫和他們的切身利益而鬥争的堅强核心，使廣大農民群衆從實踐中得出共識：“要想脱貧致富，必須有個好支部。”

二、切實發揮黨組織的核心作用。在農村村一級，有黨支部、村委會、團支部、婦代會、民兵組織、村合作經濟組織等各種組織，承擔着政治、經濟、社會管理等多方面的工作，其中黨支部是領導核心，這一格局衹能堅持和完善，不能動摇或削弱。黨組織的核心地位，是黨組織發揮核心作用的前提，我們要在指導思想上、組織保證上使黨組織在農村的社會主義建設中，真正能站到“前臺”，真正能居于“第一綫”，而不是名不副實。改革農村舊體制决不能以削弱黨組織的作用爲代價。實踐證明，農村改革越深化，黨組織的核心地位越要强化；脱貧越深入，農村第一綫黨組織的力量越要增强。

現在實行村民自治，這是適應農村經濟體制改革的管理形式。但是必須明確，我們的村民自治是社會主義民主的一種形式，是黨的領導下的自治。村民自治不能脱離黨組織的領導，不能把村民自治與黨的領導對立起來。衹有依靠黨的領導，纔能真正體現村民的意志，纔能實現村民自治，纔能保證村民自治沿着健康的軌道不斷發展。

確立農村黨組織的核心地位，絶不是讓黨組織孤軍作戰，而是要在發揮好黨組織核心領導作用的同時，充分發揮好村委會、村合作經濟組織和團支部、婦代會、民兵組織各自的作用。從不同的角度密切配合，共建社會主義新農村。這好比一個大合唱團，黨組織必須能當好這個合唱團的總指揮。

三、純潔隊伍，加强黨組織的自身建設。没有一個過得硬的黨組織，要想發揮核心作用，領導廣大農民去戰鬥，那是不可想像的。一個人不怕被别人打倒，最怕自己被自己打倒，一個組織也一樣。我們衹要細心分析一下就清楚了，爲什麼有的村黨支部，説話没有力氣，農民不願聽，那一定是因爲這個黨支部的作用已經是日薄西山。當前我們必須把黨組織的自身建設擺在重要的位置上。首先要抓好黨支部成員的選拔和考評，黨支部成員應是農村中政治思想素質好，有工作能力，在群衆中威望較高的優秀分子，要儘量把堅持社會主義道路和黨性强、有事業心、能吃苦耐勞和有奉獻精神、爲人正直公道的優秀黨員選拔到黨支部中來，對那些喪失表率作用的成員要適時、果斷地進行調整。特别要强調的是，一定要選好黨支部書記，没有一個好帶頭人，就帶不好一班人。現在有些地方反映，黨支部書記難選，一是前些年缺少培養，後繼乏人；二是政策問題，比如支部書記誤工多、待遇低，村裏經濟薄弱，怎麽補貼？在任時作貢獻，退下時無出路，怎麽辦？這些具體問題我們都應當解决。村支部書記人選來源的渠道可以再多些，鄉鎮和企業黨員幹部也可以去兼任挂職。對于支部書記眼前的一些正當利益以及後顧之憂，我們都必須采取有效的措施予以解决。

其次，要提高黨員的素質。每一個黨員都是黨組織的一個細胞。黨組織的戰鬥力就是通過每個黨員的先鋒模範作用得到具體體現的。在過去人民公社的年代，農村黨員大多能身先士卒，出工走在前，收工留在後。應該看到，在大力發展商品經濟、農村深化改革的今天，我們有些黨員却變成了時代落伍者。他們有的并不是不想大幹一場，而是“老辦法不行，新辦法不會”。新的時代、新的歷史任務把黨員的素質適應不適應這個問題尖鋭地提出來了。一是思想觀念上適應不適應，二是從事商品生産的能力適應不適應。馬克思在《共産黨宣言》中指出，“人們的觀念、觀點和概念，一句話，人們的意識，隨着人們的生活條件、人們的社會關係、人們的社會存在的改變而改變”。在過去長期的自然經濟的環境中，在“一大二公”的農村舊體制下，我們的黨員或多或少地存在着與上述環境和體制相適應的諸如因循守舊、自給自足、閉關自守、平均主義等舊思想、舊觀念——那麽，現在這些變革了没有？變革了多少？搞社會主義商品經濟所需要的新思想、新觀念樹立了多少？單有新思想、新觀念還不行，還要解决一個能力上適應不適應的問題。搞商品生産，辦集體企業，帶頭脱貧致富，都要求黨員要有本事。“是騾、是馬，拉出來溜溜”，容不得半點的走江湖。許多黨員的實踐證明，貧困地方的黨員衹有認真學習馬列主義基本理論和黨的方針政策，學習科學文化知識，學習經營管理知識，善于探索商品經濟運行規律，從而成爲社會主義商品生産的帶頭人，纔能真正帶領人民群衆去脱貧致富。

四、從實際出發，改進工作方法。在新的歷史時期，農村黨組織的核心領導地位没有變，共産黨員的先鋒模範作用没有變。但我們的工作方法應當有所改變。在農村，由“一大二公”的體制變成家庭聯產承包責任制，工作面從原來的幾個生産單位擴大到千家萬户；由自然經濟生産轉變到商品經濟生産，許多經濟規律都是新課題；由“大鍋飯”的三級經濟核算轉變爲一家一户的家庭經濟核算，利益機制直接對個人起作用——這些都要求黨組織不能翻老皇曆辦事了。我們不能還是習慣于過去“臺上講，臺下聽”的思想政治工作方法，而應當是深入家家户户，把思想工作做到每一個農民的心坎上；我們不能還是等着匯報工作，發出指示，而應當主動地去發現問題，幫助農民解决各種實際困難；我們不能還是想依靠什麽行政力量來管住農民，而是應當通過爲農民辦實事，密切黨群關係來使廣大農民緊緊地團結在自己的周圍。總而言之，我們一定要認真研究、總結經驗教訓，在一家一户分散經營的情况下，轉變工作作風，改進工作方法，唯此纔能充分發揮黨組織的核心領導作用。

一種嶄新資源的開發

——談加强對農村富餘勞動力轉移的疏導

（一九九〇年一月）

改革開放爲農村經濟發展帶來了蓬勃生機。隨着勞動生産率的提高，大批的勞動力從田地中解放出來了，成爲我們當前亟需正視和解决的問題。

農村富餘勞動力的不斷增加，對閩東這樣一個貧困地區來説，究竟是好事還是壞事，是優勢還是負擔？我認爲必須辯證地分析，認真地看待。好與壞，有利與不利不僅是相對的，并且還會相互轉化。關鍵在于我們能不能把握事物運動的本質，加以正確的引導。農村勞動力如果繼續束縛在原有規模的耕地上，倚鋤舞鐮，沿襲幾千年來日出而作、日落而息的耕作老傳統，進行慢節奏、低效率的生産勞動，那就不是一件好事。反之，用改革開放的眼光來看待勞動力的大量轉移這件事，會驚喜地發現：我們又獲得了一種極其寶貴、可待開發、可能創造巨大價值的嶄新資源，我們應及時疏導，把富餘勞動力引向山海開發，進行農副產品深度加工，大力發展外嚮型經濟，抓住這一機遇，推動農村經濟上新的臺階。

農村富餘勞動力的開發，必須解决好方嚮問題。有的同志曾經提出“農民大量進城”的設想，這是錯誤的。我們瀏覽一下現代世界經濟發展史，就可以發現，大多數發展中國家在工業化的進程中都受到大量農民涌入都市的困擾。數百萬計破産農民突破了聖保羅、里約熱內盧、墨西哥城、開羅、加爾各答等城市的承載能力，衝垮了精心制訂的市政規劃，并帶來了貧民窟、街頭游民、高犯罪率等一系列城市病。我們中國不能走這樣的道路。農民進城興辦第三産業畢竟是有限的。我認爲在現階段乃至今後的一個較長時期，要讓城市全部消化農村富餘勞動力是不現實的，也是有害的。農村富餘勞動力的轉移應是符合國民經濟發展需要的新的生産力的轉化，必須考慮到兩種實際情况：第一，農村勞動力的富餘，是相對現有耕地而言的，如果針對大農業而言，并不是絶對富餘；第二，農村基礎不穩、糧食供給短缺、農民素質低以及城市吸納力有限等原因，决定了富餘勞動力的轉移要受一定的空間制約。

因此，我認爲農村富餘勞動力轉移的較好選擇是：從空間説，提倡就地消化，離土不離鄉，進廠不進城；從方嚮説，側重于大力發展大農業，推進山海開發，鼓勵富餘勞動力因地制宜轉移，宜農則農，宜林則林，宜漁則漁，宜牧則牧。同時，也鼓勵兼業經營，如運輸、飲食服務、服裝加工等。

隨着貧困地區經濟的發展，農村富餘勞動力的開發將是一個長期的過程。我們要把勞動力開發工作納入貧困地區經濟發展的規劃，使之健康、有序地進行。當前，我們要認真解决勞動力開發中的三個問題。

一、富餘勞動力開發的開放性同小農經濟封閉性的對立。

走出封閉經營的小耕地，打破一定的空間限制，務工經商所實現的富餘勞動力的轉移，實際上也是農村商品生産勃興造就的開放性表現。這必定會衝破小農經濟的觀念。千百年來農民與土地圈守一塊，自給自足，備受自然經濟的束縛，使農民難以投身到商品經濟生活中來。他們有的寧願一家老小蝸居在有限的土地上，“臉朝黄土背朝天”，而不敢去開拓新的生産領域，尋找新的經營門路；有的寧願劃地爲牢，不想開展横嚮經濟聯合；有的“種田爲吃糧，賺錢爲蓋房”，缺乏擴大再生産的思想。這些都嚴重影響了生産經營的規模和水平，影響農村商品經濟的發展。所以，必須加强農村的思想教育，進一步破除狹隘、保守的舊思想，樹立改革開放的新觀念，增强商品、價值、效益、競争等意識。衹有這樣纔能使勞動者勃發出前所未有的勞動熱情，多方面開拓就業門路，創造就業條件。

二、富餘勞動力有組織的開發同部分外出農民盲流的對立。

農村富餘勞動力的開發是一項涉及面很廣的社會系統工程，必須加强計劃指導和組織引導。現有的管理體制，對農村富餘勞動力出走的人數、地點、時間和方式幾乎没有約束力。這種失控的盲動容易造成勞動力轉移的負效應。我們很有必要對勞動力轉移實行計劃性指導。一是進行信息引導。由地區和縣、鄉勞動部門主動與省内外一些用工單位聯絡，搜集各種就業信息，及時向想外出的農民發布。二是指導興辦經濟實體。堅持鄉（鎮）、村、聯户、個體“四個輪子”一起轉的方針，采取集資、入股、聯營等多種方式，興辦村辦企業與家庭工業。三是組織富餘勞動力進入流通領域。現在一些鄉村已經出現了農民自願組成的購銷組織或個體商販。但這種分散的、單個的農民家庭很難把握市場需求的變化，有很大的局限性，各級行政部門和商業部門有必要加以指導，采取積極有效措施，提高其組織化程度。比如，以鄉村合作組織或股份組織的形式，興辦各種農工商公司或多種經營服務合作社，發展生産、加工、銷售一條龍的生産經營聯合體，商業、供銷社與農村“上挂下聯”等等。

解決“盲流”問題，還必須及時制定農業勞動力轉移的長遠規劃和有關政策，從本地實際出發，加强對勞力轉移的流嚮、流量、流速進行調控，并運用經濟手段、法律手段、行政手段進行綜合管理，防止各種副作用的産生。

三、農村流出的勞力“低素質”與流入單位“高素質”要求的對立。

農村富餘勞動力向大農業的廣度和深度轉移并非易事。這是因爲無論是創辦實體，還是從事流通，都要求勞動力有較高的文化素質，農村現有的農民素質顯然是不適應這種需求的。所以，我們一定要進行富餘勞動力資源的開發工作。這主要包括兩個層次的内容：一是進行就業前的針對性培訓，努力把現有的富餘勞動力培訓成爲具有一定技術知識的合格勞動者；二是加强戰略性的培訓，重視智力投資，興辦各級職業教育，培養專門人才，努力把富餘勞動力培養成爲未來社會所需要的勞動力。

總之，農村勞動力的開發不僅是廣大農民的要求，也是閩東社會和經濟蓬勃發展的需要。小平同志多次指出，要把農村一半以上的勞動力轉移出來搞二三産業，纔能使農村走向小康。因此，我們一定要認真抓好這項長期艱苦細緻的工作，進一步加强領導協調，使之沿着“穩步、有序、合理”的方嚮發展。

我們應怎樣辦好教育

（一九九〇年二月）

談論閩東的教育，首先有一個怎樣估計的問題。歷史地看，解放以後，特别是十年來的教育事業的發展是可以引以爲豪的。解放以前的窮鄉僻壤，現在都辦起了學校，農民娃娃上大學也不是新鮮事了。但是不是就可以沾沾自喜了呢？我看不能！用新的教育觀來衡量，我們衹能多幾分憂患意識。什麽是新的教育觀呢？它不再是過去那種就教育論教育，而是把教育問題同經濟、社會的發展聯繫起來，看這個地方的教育是不是適應并且促進了本地區經濟、社會的發展。我們以這種教育觀來審度閩東教育的現實，就應當認識到形勢的嚴峻了。我們已經看到了閩東經濟的貧困，那麽，教育是不是也“貧困”？把問題看得嚴重些，還是好的。因爲這有助于增加我們的危機感和緊迫感。我走了不少鄉村，看到不少簡陋的校舍，心裏沉甸甸的。在同農村幹部、農民專業户的交談中我更感到科技興農、人才興業的重要和緊迫。農民有脱貧致富的决心，却伴有缺乏文化知識、科學技術的苦衷；鄉鎮企業、縣級工業急待崛起，也存在諸事齊備、祇缺人才的憂愁。

應當承認，閩東的經濟發展緩慢，致使我們拿不出那麽多錢辦教育，我們爲此嘗盡了辦教育難的苦頭；我們更應當看到，因爲教育没有辦好，今天我們正在經歷經濟發展受人才制約的困擾。我在一篇文章中曾談到過教育上的馬太效應：越窮的地方越難辦教育，但越窮的地方越需要辦教育，越不辦教育就越窮。這種馬太效應，實際上也是一個“窮”和“愚”互爲因果的惡性循環。

所以，我們必須站在經濟、社會發展戰略的高度來思考教育問題。在閩東老、少、邊、島、貧的現實態勢下，建設爲開放所亟需的、爲經濟發展所亟需的軟環境，必定要把人才作爲軟環境中最爲重要的一環。山不在高，有仙則名，水不在深，有龍則靈。人才興旺就是科技興旺，經濟興旺。經濟靠科技，科技靠人才，人才靠教育。教育發達——科技進步——經濟振興是一個相輔相成、循序遞進的統一過程，其基礎在于教育。古人提出“敬教勸學，建國之大本；興賢育才，爲政之先務”是很有見地的。我們必須站在這樣的戰略高度上看問題，真正把教育擺在先行官的位置，努力實現教育、科技、經濟相互支持、相互促進的良性循環。

有人會説，現在最矛盾的是没有足够的經濟實力來發展教育。當然，我們不能不承認閩東的實力薄弱，但總不能因爲窮而不想辦好教育。也不能説，等哪一天富了，那一天再來討論教育問題。鄧小平同志曾經説過，我們要千方百計，在别的方面忍耐一些，甚至犧牲一點速度，把教育問題解决好。因此，我們辦教育，要捨得花時間，捨得花精力，捨得下本錢。“十年樹木，百年樹人”。教育問題是絶對不允許“等一等”的。現在不是議論閩東要不要辦好教育，而是要動手解决怎樣辦好教育的問題。

做任何事情，出發點錯了，方嚮也就偏了。辦教育也有出發點的問題。我們是在閩東這塊土地上辦教育，衹能立足于閩東的實際。

閩東的實際，我們至少有三個方面應當把握。第一，閩東是貧困地區，辦教育必然受到財力的制約；第二，閩東地區主要是農村，農村教育應占相當的比例；第三，閩東的教育落後面還相當廣，文盲比較多。我認爲從這三方面的實際出發，我們就可以脚踏實地地走一條比較合乎閩東客觀需要的辦教育的路子了。

一、正確處理數量與質量的關係，堅持持續、穩定、協調地發展教育事業。考慮到辦教育受財力制約這個重要因素，我們除了要堅持優先發展教育事業的基本國策，創造條件，增加投入，保證教育事業必要的、合理的速度和規模以外，還必須做到兩個相結合：一是把數量發展和教育結構的調整結合起來；二是堅持普及與提高相結合。具體的目標，就是要建立“三位一體”的教育體系，即：基礎教育、職業技術教育、成人教育。基礎教育是一般的文化科學知識的教育，這是整個教育體系的奠基工程。儘管我們過去講基礎教育比較多，但基礎教育的規模還不够，質量更有待于進一步提高。職業技術教育主要是培養新一代勞動者和中、初級技術人才。列寧在《關于提高人民勞動生產率》中說：“提高勞動者生產素質最可靠的辦法就是在廣大人民群衆中普及職業技術知識的本領”。職業技術教育理所當然地要同閩東地區的經濟和社會發展需要以及同農民脱貧致富的需要緊密結合。特別是開展職業技術教育要重視實踐，不能祇在“黑板上種田”，一定要教給學生實際本領，使他們回家後有可能成爲生產能手。成人教育的重點應放在崗位培訓上，要廣泛地開展崗位培訓，提高從業人員本崗位需要的工作能力和生產技能。成人教育不是單純的文化、技術教育，而是全面開展政治、文化、技術、管理教育，全面提高勞動者的思想道德和科技文化素質。

財力的限制，使閩東的教育經費嚴重不足，這種現實在短期内不會有大的改觀。爲了持續、穩定、協調地發展教育事業，我們必須走一條國家辦學與社會辦學相結合的路子。調動各級各方辦學的積極性，多渠道籌措經費，增加投入。對教育經費在各縣財政支出中的比例，以及社會如何負擔，都應制定相應的政策措施。特別應當强調的是，我們要十分重視提高有限教育經費使用的效益，一分錢的投入就要有五倍、十倍、百倍的産出。

二、必須適應閩東農村經濟的發展。閩東地區主要是農村，需要有一個“泥土味十足”的教育特色。我們的目標是培養更多的能脱貧致富的知識型勞動者。爲此，必須把發展基礎教育和發展職業技術教育、成人教育結合起來。特別應該看到的是，實行聯産承包責任制以來，家庭經營是農村的主要生産方式，農民迫切需要的是各種能够儘快脱貧致富的實用技術，而不是常規的系統的專業理論，歡迎的是生産經營的熟練勞動力和初、中級技術人才。有人會問，這是不是太實用主義了呢？不是的。我們講的是實效。即要求教育有效地爲農村社會主義各項建設事業服務。

三、必須重視掃盲工作。我們面臨一個文盲面還相當大的現實。從1985年普查的情况看，全區文盲、半文盲占農村勞動力的40.3%。經過近幾年的掃盲，這個比例可能會有所下降，但恐怕不會太多，而且值得注意的是新的文盲還在出現。列寧説過，在一個文盲充斥的國家裏，是不能建設成共産主義的。大量文盲的存在，不但使農民缺文化、少技術，不善經營，致富門路窄，還導致愚昧落後的習俗滋生蔓延。所以閩東的教育必須注意重視掃盲。儘管這個起點很低，却很實在，决不能認爲“掃盲不掃盲一個樣”、“剩一些文盲也無關緊要”。今年是國際掃盲年，我們應拿出實際辦法來。掃除文盲需要愚公移山的精神，一年掃一點，幾年掃一片。我們的掃盲方針是：把掃盲教育同學習實用技術、幫助農民脱貧致富密切結合起來——這是立竿見影的方針——祇有在文盲感到學文化是關係自身切身利益的大事時，纔能有學習的自覺性。

走一條發展大農業的路子

（一九九〇年四月）

我在同《福建論壇》記者的一次交談中，提到閩東要想從根本上脱貧致富，就必須走一條發展大農業的路子。什麽是大農業呢？大農業是朝着多功能、開放式、綜合性方嚮發展的立體農業。它區别于傳統的、主要集中在耕地經營的、單一的、平面的小農業。小農業是滿足自給的自然經濟，大農業是面對市場的有計劃的商品經濟。小農業向大農業轉化涉及到觀念的轉變。第一，過去講以糧爲綱，現在講糧食是基礎的基礎，從字面上理解，好像都强調糧食生産的特殊位置，但實質上過去講的糧食衹是狹隘地理解爲就是水稻、小麥、玉米等禾本科作物。現在講的糧食即食物，大糧食觀念替代了以糧爲綱的舊觀念。第二，過去也講農林牧副漁全面發展，但不是講究它們之間互相聯繫，相互促進，追求的衹是單體的經濟效益。現在講綜合發展，則是要提倡適度規模經營，注重生態效益、經濟效益和社會效益的統一，把農業作爲一個系統工程來抓，發揮總體效益。新農業效益觀替代了單體經濟效益觀。第三，過去的小農業滿足于自給自足，現在的大農業則要面嚮市場，追求農業生産的商品率，農業商品觀念替代了自給自足的小農經濟觀念。

應該看到，閩東要走一條發展大農業的路子，道路將是曲折的，不平坦的。它至少受三個方面的制約：一是農業基礎比較薄弱；二是工業發展緩慢，起不了很大的促進作用；三是財力弱、資金少，難以滿足農業的投資需求。因此，對發展大農業的一些帶根本性的問題，我們在整個國家的宏觀格局内，必須有獨到的“閩東思考”。這些問題包括糧食生産問題、家庭聯産承包責任制問題、綜合開發問題、農村集體經濟問題、科技興農問題、農村服務體系問題。除了農村集體經濟已有專題論述外，本文對上述的其餘問題，作一些大致的粗綫條的思考。

一、關于糧食生産問題：精心布局，抓好糧食工程建設。

毛澤東同志説過“手中有糧，心裹不慌”。糧食問題歷來是我國國民經濟發展的戰略問題。這個問題對閩東來説，有着更加重要而特殊的意義。

首先，閩東糧食生産的狀况，直接關係到閩東經濟的發展。閩東的人均占有糧食低于全省水平。調入糧食難度高、壓力大。一是財政壓力。每調入糧食50公斤，除省財政補貼2元外，調入縣要負擔1元。閩東每年進口小麥和從外省、外地區調入糧食都在1億斤左右。這給閩東本來就薄弱的財政更增加了困難。二是運輸壓力。閩東各縣大多在山區，運輸困難，運輸費用較高。三是消費壓力。閩東主糧是稻穀，而調糧多是小麥（包括麵粉），與群衆日常生活的消費習慣相悖，給人民群衆帶來不便，而且購糧費用要提高一倍左右。所以糧食問題如果不解决好，閩東的經濟發展將受到制約。

其次，搞好閩東糧食生産，是閩東脱貧致富的迫切需要。閩東所屬的9個縣，有6個縣被省裏列爲貧困縣，51個鄉（鎮）定爲貧困鄉，占鄉（鎮）總數的43.22％。部分農民的温飽問題尚未解决，過着“吃糧靠返銷”的日子。可以説，閩東脱貧致富的一個基本問題，就是手中有没有糧食，有多少糧食。

其三，糧食生産的發展將帶動整個農村産業結構的調整。一個最基本的事實是林、牧、副、漁業的發展有賴于糧食的供給。從事林、牧、副、漁業的勞動者，總要在基本口糧得到滿足的前提下進行生産。同時，糧食又是重要的生産資料。淡水漁業需要足够的糧食作餌料，畜牧業發展也必須有足够的糧食作飼料。還有，農村食品工業、飼料工業以及輕工行業的發展，也需要大量的糧食作原料。所以，糧食是農村産業結構調整的基礎。

由此可見，糧食生産對閩東經濟的發展意義十分重大。閩東經濟發展要上新臺階，就必須把糧食作爲一項重大工程來抓，實行生産、經營、流通、服務的一體化。搞好糧食生産一靠政策，二靠科技，三靠投入，要在這三方面制定總體的配套方案。要用好各種資金，增加對糧食生産的重點投入；要進一步調動廣大農民的種糧積極性，改善農業生産條件，抓好農田基本建設；在完善聯産承包責任制的同時，要建立一批有適度規模的商品糧基地。同時，重視抓好糧食産後的流通工作，建立和健全流通渠道，使流通與生産相適應，培育和完善市場體系。

二、關于家庭承包責任制問題：堅持前提下的完善，穩定基礎上的調整。

以家庭聯産承包爲主的責任制，是80年代農村改革的重要成果，對調動農民積極性和促進農業生産發展起了重大作用。閩東廣大農民的積極性之所以這麽高漲，十年來閩東的農業之所以取得這麽重大的發展，是和實行家庭承包責任制，極大調動廣大農民生産積極性分不開的。但是，隨着農村生産力的發展，實行家庭承包責任制過程中也出現了一些問題。比如，小生產模式不利于耕種管理，農民短期行爲比較嚴重等。我們很有必要在農村改革取得巨大成功的時候，清醒地分析這些問題與矛盾，從兩方面重新肯定和認識家庭承包責任制。

一方面是擺正“統”與“分”的關係。所謂“分”，就是以家庭爲主要的生產經營單位，充分發揮勞動者個人在農業生產中的積極性；所謂“統”，就是以基層農村組織爲依托，幫助農民解决一家一户解决不了的問題。所以從本質上説，“統”與“分”是相互關係的，不是相互排斥的。不能一説“分”，就排斥任何形式的“統”；一説“統”，又不分青紅皂白地否定“分”。正是這種“統”與“分”的結合，構成了目前農村有中國特色的社會主義經營體制的基本形式。我們閩東當前要强調的是穩定家庭承包責任制，至于我們的地委、行署針對過去一些地方服務工作薄弱的狀況提出要加强“統”的工作，這絶不是意味着要重新“歸大堆”，而是要對分散的農户加强統一服務。總之，無論講“統”還是講“分”，都不是重新束縛生產力，而是要進一步解放農村生產力；不是收回農民的自主權，而是使農民更有效地行使自主權。

另一方面就是如何繼續穩定、完善、發展鄉村合作經濟組織的雙層經營體制。家庭承包制包括家庭經營和集體統一經營兩個層次。這兩個層次，既有相互不可替代的作用和特點，又是一個相互不可分離的有機整體。忽視任何一個層次的作用，都不能充分發揮雙層經營體制的整體效益。從閩東的實際出發，當前兩個層次中都有不盡完善的地方，但總的來說，家庭經營的積極性比集體統一經營的功能發揮得好。影響集體統一經營功能發揮的原因是多方面的，但關鍵問題是一些地方集體經濟薄弱，想服務，没有實力。我在《扶貧要注意增强鄉村兩級集體經濟實力》一文中專題談到了這個問題。因此，我們必須注意從逐步壯大集體經濟抓起，不斷增强集體統一經營的功能。當然，發展壯大集體經濟，需要有一個過程，不可操之過急。閩東有山有海，要靠山吃山，靠海吃海，組織開發性生産，興辦有閩東特色的鄉鎮企業。一句話，靠發展生産來增加積纍，而不是靠削弱家庭經濟來增大集體實力。加强集體經濟力量，目的在于發揮集體經濟組織"統"的職能。一是統一規劃農田基本建設，加强農機、水利等技術裝備和設施的使用和管理；二是合理規劃生産布局，按照國家計劃因地制宜種植作物；三是建立産前、産中、産後的社會化服務體系（包括生産、科技、農業生産資料的供應和農産品的銷售等）；四是把農村改革和農村發展的事管起來，以促進農村經濟和社會穩定、協調地發展。

三、關于農業綜合開發問題：向農業多層次、深層次進軍。

爲什麼要談這個問題？可能有的同志會認爲講農業的綜合開發，一要有技術優勢，二要有大量的資金投入，所以這是比較發達的農業地區的事情。換句話説，像閩東這樣的貧困地區，農業基礎這麼薄弱，有什麼力量和精力來搞開發？我們姑且不論進行農業的綜合開發到底需要什麼樣的先决條件，我們首先有必要回答這樣一個問題：閩東需要不需要搞農業綜合開發？長期以來，閩東的農業存在這樣的狀况：一方面，農業的精力主要集中在耕地經營上；另一方面，沉睡的山海資源、空白的産品有待開發，許多技術和品種急待推廣。因此，我認爲農業的綜合開發不但需要，而且非常必要。閩東的農業要上新臺階，閩東的脱貧致富的路子要越走越寬廣，就必須在農業綜合開發上下功夫。

閩東的農業綜合開發，從根本上講，一是尋求大農業的廣闊陣地，這就是農業的多層次開發；二是追求大農業的經濟效益，這就是向農業的深層次進軍。

農業的多層次開發，就是要我們把眼光放得遠些，思路打得廣些。即開發利用一些宜農、宜林、宜漁的新資源，以適應人口增長和社會經濟發展的需要。拿山地來説，就有林、茶、果、牧地多層次的利用問題。有的地方開創“緑色工程”，這就是一條好經驗。所謂“緑色工程”就是依托荒山、荒坡、荒地、荒灘，發展開發性立體種植業，實行集約經營，專業協作。

農業的深層次開發，即通過改造現有的中低産田，提高農産品産量；改善和加强農田水利設施建設，以保證農業的穩定高産；在條件許可的前提下，開發荒地資源，以彌補非農業占地造成的損失；加强農業的水土保持工作，以提高土地生産率。我相信，搞好閩東的農業深層開發，將會産生多種積極效應：有利于改變農業生産的不平衡狀態，有利于提高農民的收入水平，改善農民的生活。衹要我們把農業的深層開發搞好了，我們就有資格説：閩東是農業生産的落後地區，却也是農業生産潛力極大的地區。

通過多層次、深層次的農業綜合開發，農業要實現三個轉變：一是以資源開發爲主逐步轉嚮技術開發、産品開發的内涵型生産爲主；二是以産量型生産爲主轉嚮以質量型、出口型、創匯型生産爲主；三是以小商品生産流通爲主轉嚮以大批量生産、大範圍流通爲主。

開發農業需要大量的投入。閩東地區資金緊缺、技術力量薄弱，這是客觀存在的事實；但是，我們勞動力資源豐富，在勞動力積纍方面大有文章可做。農田水利基本建設，山區小流域治理，植樹造林，以工代賑工程等，都是勞動力容量很大的工程。據調查，開發農業中勞動投入量要占開發投資的50%—60%。因此，在國家必要投入的引導下實現國土資源和勞動力資源的綜合開發，是我區農業發展的可行途徑。

四、關于科技興農問題：科技先導，配套服務。

上面所談到的關于“糧食工程”問題，關于農業綜合開發問題，都離不開科技力量，離不開依靠科技進步提高水平，利用資源，挖掘潛力。人口多地少和自然資源相對不足的閩東區情，决定了我們農業的發展必須把科技興農作爲一項基本政策，緊緊依靠科技進步，提高種植業和養殖業的單位面積産量，形成一個高産、低耗、優質、高效的農業生産體系。

科技是生産力，重視科技至少能使我們從以下幾方面獲得好處：

1. 依靠科技的力量來開發、利用原來不能利用的資源。例如，我們有那麽多的海塗，能不能依靠科技的進步把它變成我們重要的土地資源？！依靠科技的進步，還可以使現有的資源利用得以延伸。這包括使潛在資源優勢變爲現實資源優勢，使資源産品變爲資源商品，使資源的初加工變爲精深加工，使資源的一次增值變爲多次增值。比如，毛竹是我們的一大資源，我們不能單純出售原竹，而要發展筍罐頭、竹編工藝品和製品，實現綜合利用和多次增值。

2. 依靠科學技術進步，以節約要素的投入。這一點突出地表現在品種改良、栽培管理和施肥技術上。首先，改良後的新品種，可以在其他投入要素不變或少量增加的情況下，使產量獲得較大幅度的增長。其次，采用先進的栽培管理技術，可以解決原來生產上難以解決的矛盾，并節約工本。第三，先進的施肥技術，可以大大提高肥料的利用率。

3. 依靠科學技術的進步擴展農副產品銷售市場。生產多了，銷不出去，就會影響農業再生產的積極性。比如，有的地方有豐富的生產鮮活產品的資源，但當地市場却十分有限，因此資源優勢難以轉變爲經濟優勢。如果我們采用保鮮包裝，就可以把鮮活產品運出去，從而擴展它的市場。此外，通過采用先進的科學技術，還可以提高農副產品的品位，提高它在市場上的競争的能力。這也是擴展銷售市場的一個方面。

4. 依靠科學技術的進步改善農民的生產水平。1968年我在陝北延川縣梁家河村插隊的時候，衹不過是在全村搞了沼氣化的科技活動，但却嘗到了推廣科技進步的甜頭。家家户户煮飯不用柴，點燈不用油，鄉親們那種喜悦的笑容至今宛然在目。實踐證明，科技與政治是緊密聯繫的。

科技搞上去了，生産生活問題解决了，就會得到人民群衆的擁護。

科技興農必須有明確的指導思想。這就是：科技先導，配套服務。科技興農，不僅是農業和科技部門的事，而且是全黨和各職能部門的共同任務。推進閩東大農業的進程，必須以科技爲導嚮，實行配套服務。一要充實現有的科技力量和加强科研工作，進一步實施科技“雙放”政策，組織大批科技人員進入農業主戰場。二要辦好多形式、多層次、多功能的經營服務實體，開展技術咨詢、技術轉讓、技術培訓、技術市場等方面的有償服務，總結推廣我區已出現的農業科技集團承包的成功經驗。三要建立健全農村四級科技推廣服務網絡，并聘請一批農民技術員充實鄉村技術隊伍。四要做好技術人才的供需中介工作，引導科技人員到農場領辦、承包各種技術産業、企業和其他生産項目。五要擠出資金，大力輪訓農村的實用技術隊伍，并且通過農業院校，培養一批具有中專文憑的農民技術員，爲農村培養“留得住、用得上”的農技骨幹，造就一代新農民。

這裏必須强調一點，科技興農必須以教育興農爲基礎，提高閩東農民的科學文化素質。除了加强基礎教育外，當前應以在鄉知識青年爲主要對象進行職業技術教育，使他們成爲農村脱貧致富發展社會主義商品經濟的帶頭人。

五、關于爲大農業服務的問題：樹立服務觀念，强化服務措施。

大農業從本質上講是有計劃的商品經濟。隨着有計劃的商品經濟逐步發展，農民對社會化服務的依賴性也越來越大。農民不僅要求在生產過程中提供耕、耙、播、收、植保、灌溉、技術指導以及農藥、化肥、柴油、良種等生産資料供應方面更多更好的服務，而且要求在産前、産中、産後從信息、信貸、加工、運輸、儲藏等方面提供系統的服務。要通過走社會化服務體系的路子，實現農業適度規模經營來促進大農業的進程；通過傳統的農技服務，完善社會化服務體系的內容。

大農業是有計劃的商品經濟，服務于大農業不應該是隨意性的，而必須有一定的制度加以保證；服務手段不應該是簡單化的，而必須是配套的。

我們要建立起政府對農民負責的制度。圍繞農業生産的各個項目，縣、鄉、村應從實際出發，層層明確任務指標，簽訂上對下的承包合同，向基層群衆提供各種農業生産資料的供應和技術、資金等方面的服務。我們不僅要求農民、農村做到什麽，而且必須規範各政府部門應該服務什麽；不但要把農民的生産任務和貢獻"量化"，而且必須把各級各部門和集體經濟組織的服務職責"硬化"。衹要我們堅持不懈地動員社會上各方面的力量，調動各種積極因素，建立起社會化農業服務體系，那麽閩東的大農業一定會在原有的基礎上出現新的重大突破。

扶貧要注意增强
鄉村兩級集體經濟實力

（一九九〇年四月）

一

前一段時間，我在農村調查，感到既欣喜又擔憂，喜的是廣大農民開始脱貧致富了，憂的是鄉村兩級集體經濟實力出現了弱化的現象。我强烈地感到：在扶貧中，要注意增强鄉村兩級集體經濟實力，否則，整個扶貧工作將缺少基本的保障和失去强大的動力，已經取得的扶貧成果也就有喪失的危險。據我瞭解，在全區120個鄉鎮中，年有資金30萬元以上的衹有20個，占17％；10萬元至30萬元的有73個，占61％；10萬元以下的有27個，占22％。在全區2083個行政村中，村級集體經濟實力在5萬元以上的祗有105個，占5％；2萬元至5萬元的祗有217個，占10％；2萬元以下的村却有1761個，占85％。約有一半以上的行政村連正常的財政開支都難以維持。

閩東的鄉村兩級集體經濟實力的薄弱大致可以歸納爲四句話：一是總體水平不高。全區鄉鎮級年均自有資金僅爲10萬元左右，村級平均僅1萬元，與全省平均水平差距很大。僅以經濟實力在全省居中的建陽地區爲例，去年他們對鄉村兩級財政提出的普遍要求是鄉（鎮）級自有資金100萬元，村級10萬元。二是發展不平衡。福鼎、古田兩縣一些比較富裕的鄉（鎮）自有資金已達60萬—70萬元，而全區的大部分鄉（鎮）集體經濟實力就顯得十分薄弱。三是收入渠道少。用以發展鄉村集體經濟實力的自有資金，主要靠財政分成（其中各類工商稅及特産稅等零星收入又占大多數），真正來自集體經濟實體的收入很少，因此經濟發展缺乏强大、穩定、可靠的來源。四是發展後勁不足。鄉村集體實業中，守業居多，創業少，將要淘汰的産品與設備多，新發展的生産項目少。

爲什麼鄉村集體經濟實力會出現弱化現象呢？我認爲，主要是近幾年我們在指導思想上忽視了鄉村集體經濟實力的積累和發展工作。在有關脱貧致富的宏觀决策中，沒有把發展集體經濟實力擺到應有的位置。特别是一些農村在實行家庭聯産承包制時，沒有很好地理解統一經營和“歸大堆”的區别，放鬆了“統”這一方面，需要統的没有統起來，不該分的却分了，其結果是原有的“大一統”變成了“分光吃净”，從一個極端走向另一個極端。在有些地方，合作化以來積纍起來的集體經濟實力的絶大部分化爲烏有，幸存下來的集體經濟實力也失去發展的基礎與動力。同時，政府部門缺乏强有力的行政引導和正確的政策導嚮。例如，在税收政策的制定與執行上，對個體寬對集體嚴，没有保證集體經濟實力發展的後勁；在資金、貸款以及原材料供應等方面，缺乏政策扶持和一定的計劃保證。這樣，鄉村集體經濟的經營機制逐步萎縮，企業發展的路子越走越窄。

有的同志説，祇要農民脱貧了，集體窮一些没有關係。我們説，不對！不是没有關係，而是關係重大。其理由是：

一、加强集體經濟實力是堅持社會主義方嚮，實現共同致富的重要保證。社會主義制度本身要求建立以公有制爲基礎的經濟。而集體經濟是公有制的重要組成部分，是農村公有制的主要形式。其他非公有制經濟成分祇是社會主義經濟結構的必要補充，它不應該也不可能成爲主體。集體經濟是農民共同致富的根基，是農民走共同富裕道路的物質保障。集體經濟健康發展了，不但可以爲農户提供各種服務，還可以發揮調節作用，防止兩極分化。例如，當某一産業、某一方面個人收入過高時，可通過適當增加集體提留防止收入差距的拉大；當部分農民靠誠實勞動仍無力脱貧時，可以憑藉集體經濟實力對其實行物質上的扶持。

二、發展集體經濟實力是振興貧困地區農業的必由之路。鄉村集體經濟實力的發展與農業的振興是相互依存、榮衰與共的。鄉村集體經濟實力的發展，勢必促進農副產品的增值，從而推進山海開發，改善農業生產條件，同時，也會加速農業生產結構的調整，促使農村不斷向生產的廣度和深度進軍。

三、發展集體經濟實力是促進農村商品經濟發展的推動力。農村商品經濟的發展有賴于進一步挖掘發展家庭經營的潛力，這就必須不斷發展集體經濟實力，充分發揮集體經營的優越性。比如，可以推行成方連片的區域種植，即在原家庭經營的基礎上，通過主要農作物的成方連片的集中種植，提高耕作質量，增加土地的有效產出。建立、健全農村的社會化服務體系是促進農村商品經濟發展的重要一環。壯大了的集體經濟，能够爲分户經營提供有效的産前、産中、産後服務，承擔起引導農村進行開發性生産，開展農業科技示範，以及組織、協調千家萬户家庭經營的職責，還能够通過不斷增加對農業生産的投入，爲農村商品經濟的發展創造更好的條件。

四、集體經濟實力是農村精神文明建設的堅强後盾。這些年來，我們感到農村基層工作的難度越來越大。鄉村集體經濟實力薄弱是基層工作活力不足的癥結所在。弱化了的集體經濟實力如泥菩薩過河，自身難保。既無力興辦農村社會福利和社會保障事業，也無力滿足群衆的文化生活需求。目前，全區農村還有20萬平方米的學校危房没有修好，還有些村落電燈不亮，廣播不響，電話不通。我們提倡“爲官一場，造福一方”，不能爲群衆排憂解難，就無法提高黨和政府在群衆中的威信；解決不了群衆的生産與生活中的實際問題，思想政治工作也就缺乏説服力。衹有不斷發展壯大鄉村兩級集體經濟，纔能有效地興辦集體公益事業，發展教育事業，活躍農村文化生活，爲農村精神文明建設提供物質基礎。

二

在扶貧中要注意增强鄉村兩級集體經濟實力。這不衹是一種思想認識問題，也不能光停留在口頭上，而要把它化爲切切實實的行動。我認爲，我們應該抓好以下幾件事：

一、在指導思想上，必須確立“統”與“分”的辯證觀。社會主義制度的優越性在農村經濟上的體現，應該是集體優越性與個人積極性的完美結合。一方面，個人離不開集體，集體把每個勞動者的智慧和力量凝聚在一起，形成巨大的創造力。另一方面，集體是由若干個人組成的，不調動個人的積極性，也就不會有集體的創造力。集體與個人，即“統”與“分”，是相互作用、相互依賴、互爲前提的辯證統一關係。祇有使二者有機地結合起來，纔能使生産力保持旺盛的發展勢頭，偏廢任何一方，都會造成大損失。我們現在所要解决的問題是：怎樣纔能使農村經濟既充分發揮集體的優勢，又不重蹈“一大二公”的覆轍；既能有效地調動農民個人的積極性，又不使他們成爲一盤散沙，從而把集體的優越性和個人的積極性恰到好處地結合在一起。發展集體經濟實力，絶不是復歸“歸大堆”式的公社化，而是糾正大包干中忽視統一經營所造成的偏差；絶不是對家庭聯産承包制的否定，而是對這種責任制的進一步完善和發展。

二、堅持因地制宜、分類指導的原則，從實際出發，以市場爲嚮導，充分利用各自的自然資源和社會資源。山區要重點發展林、果、茶和飼養業。沿海要從養殖業入手，搞好深加工和綜合系列開發。針對全區農村經濟發展不平衡的特點，我們可以實行三個層次的分類指導。

第一個層次——基礎指標。通過三年的努力，每個鄉（鎮）的年自有資金要達到10萬元以上，每個行政村的年集體生産性純收入要達到2萬元以上。這是鄉村兩級要達到的脱貧目標。各地山區都要争取每個鄉（鎮）有1000畝高標準林，每個村有500畝高標準林；對那些基礎較差，剛開始搞開發性生産的鄉村，每個鄉（鎮）起碼也要有200畝林、100畝茶和50畝果，每個村要有100畝林，50畝茶、果。

第二層次——起步指標。現在年自有資金已在10萬—30萬元之間的鄉（鎮），三年後要争取達到30萬—50萬元；年集體生産性收入在2萬—5萬元之間的行政村，要達到5萬—10萬元。這一類型的鄉村面比較大，情况各异。因此，一方面要注意對原有鄉村企業的挖掘、革新、改造，以提高效益；另一方面要推行外延擴張，發展新的開發性生産，建立勞動密集型的農業企業和工業企業。

第三層次——上水平指標。目前各方面條件較好、且已有一定集體經濟實力的鄉（鎮）、村要提出上新臺階的目標，推行“百十計劃”，即通過三年的努力，鄉（鎮）年自有資金超過100萬元，村級年集體生産性純收入達到10萬元以上。這些地方還要注意處理好消費和積纍的關係，用好用活積纍資金，并多方籌資積極擴大再生産。

三、積極探索發展農村集體經濟實力的具體形式和路子。目前農村集體經濟的主要形式除農業合作社、鄉村兩級辦的各種企業外，還有集體與個體聯營型，集體與個體股份型，個體股份型、聯營型等，都屬于集體經濟的初級組織形式。例如，福鼎縣的玉塘村果場，實行“臺僑資、土地、勞力、智力”入股辦場；福安縣科技部門與鄉鎮合作發展“中短結合”的開發性生產；古田縣搞義務工積纍投股與聯户興辦經濟實體，等等。這些經驗都值得總結推廣。增强農村集體經濟實力，我想可以從五個方面着手：一是鄉、村兩級可依資源、市場情況興辦各種工業企業；二是部門和企業可以包鄉、包村，幫助他們興辦工副業；三是大部分鄉村繼續搞好種養加工，開發利用當地資源，興辦集體林果業、養殖業，進而搞深加工；四是適當調整某些不合理的提留基數和收費標準，增加公共積纍；五是對集體辦的林、茶、果場或其他廠、場，凡承包合同不明確、不完善，或承包基數過低的，要依照經濟合同法予以完善。

四、建立、健全積纍與投入機制。在積纍方面，首先要完善土地承包責任制，逐步推行土地有償承包，使各項集體提留，真正落到實處；其次，要完善專業承包辦法，逐步解決承包費過低，集體收入下降的問題；再次，要完善集體企業各項承包指標，逐步實行集體承包或全員風險抵押承包；第四，要推行全方位提留，凡從事林、牧、副、漁、工商、建、運、服務各業的個體農民，應按照純收入的情況，確定合理提留的比例，向集體交納一定數額的資金作爲公共積纍；第五，充分發揮勞動力豐富的優勢，增加勞動積纍。總之，應通過發展各業生産和各類服務，積極開拓積纍途徑。

而要搞好農業集體經濟的公共積纍，則要注意正確處理四個“軟件”：一是要使農村幹部和群衆真正懂得，擴大公共積纍不僅不會改變以家庭經營爲基礎的政策，而且有利于家庭經營的進一步發展，從而使他們自覺地關心農村合作經濟的發展和公共積纍的壯大。二是要完善集體經濟組織。否則，擴大經濟積纍就難以順利實現，原有的一些積纍也可能會被破壞掉。三是要劃清合理提留和强制攤派的界限。在尊重農民合法權益的前提下，搞好提留，防止資金流失。四是要管好用活公共積纍。要把積纍用在幫助農户解決農業生產中緊迫性問題上，用在辦農民迫切要求辦的公共福利事業上。要嚴格財務制度，取信于民，堅決杜絶少數人侵吞公共積纍的現象。

在資金投入方面要立足自身，發展多種經濟形式，拓寬資金渠道，組織多層次的資金投入。可以實行股份、聯營、合作等經濟形式，吸引投資；也可以實行“以勞代資”，動員社會閑散資金，發展集體經濟實力；還可以利用一些優勢產品和現有的廠房、設備等發展與省内外、區内外跨行業、跨部門的横嚮聯合，按照互利互惠的原則，采取分紅、產品補償等辦法，引進外來資金。同時，各級有關部門要各盡其力，各盡所能，不斷健全投入機制。地、縣財政的農業投入逐年要有所增加，并安排一定的周轉金，用于扶持鄉村發展開發性生産；鄉村兩級自有資金及企業税後留利要保證有較大的比例用于生産性積纍；充分利用扶貧政策延續兩年不變的有利條件，調整資金投嚮，保證把較大部分扶貧資金用于支持鄉村集體企業；民政、民委、老區辦等部門要在資金等方面爲鄉村兩級集體經濟的發展提供必要的支持；信貸部門要搞活融通，調整結構和投嚮，按照“有保有壓，擇優扶持”的原則，大力支持鄉村集體企業的發展。

五、實行優惠政策，爲鄉村兩級集體經濟實力發展創造良好的外部環境。對農村集體性質的企業，從税收、貸款、資金投放、原材料供應等方面給予優惠，以利于它們加快發展。有條件的地方要積極籌措發展集體經濟基金。

六、加强領導，改善和强化農村經濟組織，增强鄉村集體經濟發展的機能。各級黨委、政府都要切實重視，把這項工作擺上重要的議事日程。主要領導要親自檢查、督促，要指定一位分管領導具體負責，狠抓工作的規劃和落實，并層層建立責任制，强化目標管理。

要以縣爲單位，制定鄉村兩級集體經濟實力發展規劃。立足自己的優勢，將發展目標、對策與措施具體化，并使之積極可行。縣、鄉要把經濟基礎十分薄弱、尚未起步的行政村作爲重點扶持對象，狠抓配套措施的落實，保證在三年内使這些行政村達到基礎指標要求。同時，要注意加强産業規劃、行業管理和調整産業結構，防止亂鋪攤子、盲目建設和重複投資。

要理順管理關係，强化組織機能。要加强鄉村兩級班子建設，集中更多時間和精力來抓好鄉村經濟的發展。首先要建立鄉鎮經濟委員會，作爲副鄉級建制的一套經濟工作班子，負責組織實施鄉鎮經濟發展規劃與管理，協調鄉村企業，服務鄉村兩級經濟。鄉鎮經濟委員會人員的組成，可以鄉鎮企業站編制爲基礎，采取選調和招聘幹部相結合的辦法予以充實。其次，要加强村級班子建設，把農村中有事業心、創業心，有文化、年紀輕的黨員和社會能人充實到村黨支部或村民委員會任職。也可以從地、縣、鄉三級黨政幹部中選派有志氣、有能力、能吃苦的青年幹部到基層挂職、任職，以加强基層經濟工作領導。第三，要解决好鄉村幹部的待遇問題。村級幹部除正常津貼外，各縣可根據財力，逐步實行養老金保險制度。第四，對鄉鎮招聘主管企業的領導，工作成績突出的，每年要進行表彰、鼓勵。以往規定的“村級經濟超過基數純收入的30％作爲村級幹部獎金；鄉鎮一級企業超基數收入部分的5%—10％作爲集體福利和獎勵”的政策要兑現。

同心同德　興民興邦*

——給寧德地直機關領導幹部的臨別贈言

（一九九〇年五月）

歲月匆匆，我在寧德工作將近兩年了，有很多感觸和體會。不久，我就要離開這裏到新的工作崗位。今天藉此機會講幾句話，作爲我的臨別寄語。

近兩年來，經過全區上下的共同努力，寧德地區的工作，取得了一些成績，發生了一些變化：黨的建設初步形成了大氣候，安定團結的政治局面得到了有效維護；治、整、改正在深入進行，經濟建設穩步前進，脱貧工作取得了階段性的勝利；精神文明建設進一步推進，社會治安問題已經引起了各級黨委的重視，并采取了一些有效的措施；工作作風和工作方法出現了可喜的轉變，“四下基層”已經形成風

---

* 此文原載《閩東報》1992年5月20日。

氣。閩東的這些變化應當歸功于十一届三中全會以來的路綫、方針、政策的作用，這是最主要的一條，應當歸功于省委、省政府的正確領導、關心和支持；同時，也是與歷届地委、行署領導爲全區各級各部門打下的良好基礎分不開的，是在座的同志和全區人民努力工作的結果。而我作爲一個黨員、一個領導幹部，衹是做了一些職責要求的分内事。因此，在這裏，我要向理解和支持我工作的地縣各級、各套班子、離退休老同志、駐軍指戰員以及默默奉獻的閩東廣大幹部群衆，致以衷心的感謝和誠摯的敬意!

誠然，目前的閩東，經濟狀况仍然比較脆弱，基礎産業還比較落後，基礎設施還不完善，財政赤字的包袱仍然很重，脱貧工作還應上新的臺階，黨的建設還存在一些薄弱環節，廉政建設還有待進一步加强，社會治安狀况還比較嚴峻，若干不安定因素依然存在。這就告訴我們：閩東的工作還有差距，任重道遠，各位同志仍須努力。

面對困難怎麽辦？持一個什麽樣的態度？是臨陣退縮，還是知難而進，以良好的競技狀態去迎接它？這是值得我們認真思索的問題。我覺得越是艱苦的地方、困難的時刻，越能磨煉人的意志、鍛煉人的能力，選拔幹部就要在面對困難、剋服困難上見高低。因此，我們不能妄自菲薄，喪失信心。我們在看到存在問題和困難的同時，應該看到光明和希望，應該看到閩東的發展優勢，看到解决困難和問題的有利條件：我們有以江澤民同志爲核心的新的黨中央的正確領導；有省委、省政府的繼續關心和支持；有建國四十年來打下的工作基礎；有地委、行署一班人的團結配合，地縣各套班子的通力協作；特别是有廣大幹部群衆的“滴水穿石”般的韌勁和默默奉獻的艱苦創業精神。有了這些有利條件，祇要我們着眼鼓勁，樹立戰勝困難的信心，做堅持不懈的努力，就一定能戰勝困難，渡過難關。我在閩東工作的近兩年裏，儘管也看到了落後的一面，看到了存在的困難和問題，感到自己肩上的重擔，同時我也看到了“不耻落後，意氣奮發，放膽開拓，争先創優”的閩東風格。正是這種精神，深深地感染了我，給我帶來了無窮的力量和勇氣，給我留下了美好的回憶。閩東是一片飽含深情的土地，閩東有一批兢兢業業的幹部，有可愛可敬的人民。我對閩東的發展是充滿信心、充滿希望的。我們曾經同心同德爲閩東地區的興盛，爲閩東人民的興盛竭盡努力，我們没有理由不做得更好。我們完全有理由相信，“閩東精神”將會發揚光大，閩東各項工作將會一步一步推向前進！

在近兩年的工作中，我經常在思考，并且經常與同志們探討閩東的發展問題。我感到，要搞好閩東的工作，當前應當注意以下幾個方面的問題。

珍惜穩定局面

安定方能興邦益衆，動亂則將禍國殃民。建國四十年風風雨雨的歷程説明，穩定來之不易。没有一個穩定的政治社會環境，我們的經濟建設、四化大業乃至一切工作都無從進行，甚至連十年改革開放的成果也將付之東流。

古人云“居安而念危，則終不危；操治而慮亂，則終不亂”。在國家安定的時候，不可忘記危險的存在。祇有這樣，我們纔能做到臨陣不亂、處變不驚。聯繫我區實際來看，工業滑坡和企業停産、半停産狀况急待扭轉，社會治安方面仍存在一些突出問題還没有很好解决，在某些人頭腦中，“左”的思想、自由化傾嚮仍在作祟，在某些貧困鄉村，人民群衆的温飽問題尚未完全解决，在個别單位，以權謀私、貪污受賄等不正之風尚未完全剎住，等等。這些都是影響我區穩定的因素，務必引起各級領導、各個部門的高度重視，采取積極有效措施加以解决。雖然我區經濟還比較落後，但有了穩定的局面，在穩定中堅持不懈地團結奮鬥，閩東的面貌就會發生根本性的變化。

黨是領導我們事業的核心力量
精神文明建設是社會主義建設的重要保證

歷史的經驗證明，是黨帶領閩東人民取得了翻身解放，也祇有黨纔能帶領閩東人民擺脱貧困，走向富裕。這兩年，我區黨的建設和廉政建設都取得了一些成績，但還遠遠不够。我們應當繼續加强黨的建設，突出地抓好思想建設、各級領導班子建設和基層組織建設。在幹部問題上，應當堅持馬克思主義的幹部路綫，堅持德才兼備的原則和幹部“四化”方針，選拔幹部應當堅持五湖四海，衝破狹隘的地域觀念。近兩年，我區懲治腐敗的工作取得了一定成績，特别是查處幹部違紀違法占地建房、以權承包工程、貪污受賄的工作取得較大進展，贏得了群衆的擁護和支持。今後要繼續鞏固懲治腐敗的成果，把廉政建設引向深入。今年各級黨委面臨的一項重要任務是縣鄉换届選舉。這項工作十分重要。前一段地委已做了原則部署，各級黨委應加强對换届工作的領導，緊緊依靠群衆的智慧和力量，務必使各級領導權牢牢地掌握在馬克思主義者手裏。在换届選舉以前，各級領導幹部思想要穩定，要以革命事業的大局爲重，服從組織需要，安心工作。

抓好黨的建設，絲毫也不能放鬆精神文明建設。在社會上，特别在農村，封建意識、醜惡現象還是普遍存在的；封建迷信、山林海埕糾紛時有發生，請大家引起注意。這些問題如不加以妥善解决，勢必影響社會安定團結，影響社會主義精神文明建設。同時，我們應當看到老區人民有着光榮的革命傳統，與黨的感情最深，他們奉獻的多，索取的少。我認爲，這是我區最寶貴的精神財富，也是我區的一大優勢。我們應當一手抓掃除封建意識、醜惡現象，一手抓弘揚正氣、端正黨風，繼承和發揚老區人民的光榮傳統，進一步把學雷鋒樹新風的活動深入持久地開展下去，以達到净化社會風氣的目的。

經濟是基礎是中心

經濟穩定發展是社會穩定、人心穩定、政治穩定的基礎，我們要牢牢地抓好經濟建設這個中心工作。對閩東經濟發展，要持一種辯證的態度，要堅持國民經濟長期持續穩定協調發展的方針，既要看到這些年我們取得了成績，又要看到長期制約經濟發展的諸多不利因素。我們要面對閩東的實際，消除一切超現實的幻想，繼續堅持“因地制宜、分類指導、盡力而爲、量力而行、注重效益”的方針，脚踏實地地開展工作。各級領導幹部應時刻牢記“欲速則不達”、“過猶不及”的道理，剋服經濟建設中的急躁情緒和短期行爲，做長期艱苦的努力。

在國家治理整頓的大環境下，考慮閩東的經濟發展，應審時度勢，瞄準主攻方嚮，突出地抓好兩個基本環節：一是農業，二是基礎設施建設。經濟相對落後地區抓好農業是脱貧致富的前提，對農村經濟發展有根本的意義。農業是閩東的優勢，閩東的過去、現在靠農業，閩東的未來也將維繫于農業的綜合發展。閩東的山海資源十分豐富，這是我區的長處，但開發得不够，做好山海資源綜合開發的文章，意義十分重大、十分深遠。去年，我區林業工作取得了較大成績，今後要扎扎實實地抓下去，經過幾年的努力，閩東的山會更青，水會更緑，人民會更富裕。在農業資源綜合開發的基礎上，大力發展利用本地資源的加工工業，閩東的工業方能形成一定的實力。在治理整頓期間，要注意調整産業結構，狠抓企業基礎建設。

基礎設施落後已成爲閩東經濟發展的“卡脖子”問題。交通不便、能源緊張不僅加大了上新項目的難度，而且使現有生産能力得不到充分發揮。因此，我們要予以足够的重視，大力加强基礎設施，改善投資環境，爲閩東工農業發展、擴大對外開放創造必要條件。

人民群衆是人類歷史發展的動力

十三届六中全會把能否保持黨和政府同人民群衆之間的血肉聯繫，提到鞏固執政黨地位和保證國家長治久安的高度來認識。縱觀歷史，得天下者無不因爲得到民心。古人云：“善爲國者，愛民如父母之愛子、兄之愛弟，聞其飢寒爲之哀，見其勞苦爲之悲。”古人尚知如此，何况我們共産黨人？中國共産黨的性質决定了我們黨的各級幹部都是人民公僕，必須密切聯繫群衆，黨的宗旨就是全心全意爲人民服務。人民群衆是我們黨的力量源泉，群衆路綫是我們黨的根本工作路綫。因此，我們没有任何理由脱離群衆，祇有相信群衆、依靠群衆、關心群衆的生活，我們的工作纔能得到群衆的理解和支持，我們的事業纔能立于不敗之地。正如列寧所説的“衹有相信人民的人，衹有投入生氣勃勃的人民創造力泉源中去的人，纔能獲得勝利并保持政權”。近年來，黨内一些意志薄弱者經受不住執政和改革開放的考驗，腐敗現象有所滋生和蔓延，官僚主義作風有所發展，從而不同程度地削弱了黨同人民群衆的血肉聯繫，損害了黨在人民群衆中的威信，甚至讓敵對分子乘機鑽了空子。我們應當從中警醒地認識到密切聯繫群衆的重要性。

在閩東，提倡轉變工作作風，密切聯繫群衆，更有着重要的現實意義。因爲閩東各方面的條件比較差，基層工作存在很多困難，人民群衆的生活比較艱苦。這就更需要我們到基層去瞭解社情民意，體察群衆的冷暖疾苦，幫助群衆解决實際問題。去年我們開展的“四下基層”工作，取得了一些成績，得到了人民群衆的歡迎和稱贊。今後，要繼續堅持下去，并注意在實踐中不斷完善，還要不斷探索密切聯繫群衆的新途徑、新方法。

團結就是力量

一個地方的經濟建設能否搞上去，人民是否安居樂業，關鍵在于這個地方的領導班子是否有戰鬥力，而領導班子的戰鬥力又來自于班子成員的團結和集體作用，這裏所説的團結，是指一種相互協調配合的和諧狀態。一個班子工作好比一場球賽，最重要的是整體力量的有機配合，個人的技術衹是居于次要的位置。如果盲目地突出個人技術，不顧整體協調配合，往往會使總體水平下降，影響整個球隊的戰鬥力。如何解决班子成員之間的分歧？衹有批評與自我批評，纔能解决矛盾、消除分歧和剋服各種不正確的思想意識。班子成員之間有意見、有分歧的時候，就需要班子成員之間講究容人的雅量，坦誠相待，相互謙讓諒解。班子内部要堅持團結——批評——團結的原則，反對一味不講原則的一團和氣，使班子更富有戰鬥力。我在寧德近兩年時間裏，感到地委一班人是團結的，氣氛是和諧的，工作是積極配合的，希望地縣各級班子今後繼續團結一致，鼓足幹勁，放膽開拓。

加强理論學習

斯大林指出，離開革命理論指導的實踐是盲目的實踐。我們正在從事的振興閩東的宏偉大業，一刻也不能離開理論的指導。我們都是做領導工作的，需要有廣博的知識，其間也涉及到政治、經濟、社會各個領域，因此，要提高理論水平。在地方工作的同志，如果能將理論高度與實踐深度有機地結合起來，就能更好地做好領導工作。

我們的工作比較繁忙，真正脱產學習的機會很少。所以，我們應當有一種雷鋒的“釘子”精神，擠時間學習，争分奪秒地學習。古人講的治學“三上”：馬上、枕上、厠上，是值得我們借鑒的。治學要有一種嚴謹、科學、老實的態度，“知之爲知之，不知爲不知，是知也”。要虚心向書本學習，虚心向實踐學習。

工作忙、學習時間少，就更需要我們抓住學習的重點。時代呼唤着馬克思列寧主義的理論，因爲馬列主義是國際工人運動經驗的總結，是在革命實踐中形成又服務于革命實踐的理論，是我們觀察一切現象、處理一切問題的武器，特别是觀察一切社會現象、處理一切社會問題的武器。作爲一個共産黨員，一個領導幹部，如果不努力學習馬列主義的理論和方法，如果不用馬列主義指導自己的思想和行動，他要在革命鬥争中堅持無産階級的立場，增强無産階級的思想意識，是不可能的。所以，我們一定要反復學習馬克思列寧主義的經典原著，反復琢磨、深刻領會。當前應該特别注意學好馬克思主義哲學，因爲馬克思主義哲學是科學的世界觀和方法論。正如陳雲同志所説“學好哲學，終身受用”。學好哲學，掌握分析、解决問題的科學方法，能使我們在錯綜複雜的革命建設實踐中不迷失方嚮。此外，還要注意學好經濟、歷史、文學、法律等各方面的知識，以適應領導工作全方位、多層次的需要。

人們常説“鐵打的營盤流水的兵”。一個人的工作變動是十分正常的。但是我們的事業不僅不會停止，而且必定會一步一步地向前進。我深信，新的地委領導班子，一定能在黨的基本路綫的指引下，在省委、省政府的正確領導下，團結全區人民，再接再厲，把閩東的各項工作搞得更快、更好。

講到這裏，我想起了一則故事：印度著名詩人泰戈爾訪華回國之際，友人問他，你到中國丢失了什麽？他回答：什麽也没丢，就是留下了一顆心。我也有同樣的心情，人雖然即將離開閩東，但我留下了一顆熱愛閩東的赤誠之心。離開以後，我會時常牽挂、關注着閩東的工作，積極爲閩東的發展進言獻計。閩東的點滴變化，都會給我帶來無比的喜悦和欣慰。

我衷心地祝願閩東明天更加美好!

我真誠地相信閩東明天更加美好!

跋

习近平

我在閩東地區工作了兩年，雖也與閩東全體幹部、群衆一起，付諸相當努力，然而我心難安。對脱貧事業這個需要幾代人努力的浩大工程來説，我的努力畢竟時者甚短，功者甚微。項南同志在序中説對閩東地區的“具體幫助很不够”，“總覺得欠了賬”，這是老書記的謙遜之詞。而我在閩東的改革開放之志未酬，“欠賬”之感確常繫于心，難以釋懷。

今天所以敢于不揣淺見將在閩東的講話、文章公之于世，多少是一點還賬的意思。

改革正當盛時，變化極其劇烈，講話的鮮見留下録音，著文的常以筆名應世，忐忑于來朝示人以不智。誠然，對于在改革開放中一切可能大改其觀的未來，我們今天講的話、著的文、做的事絶不會十全十美，但歷史畢竟是歷史，我們完全可以了無遺憾。

我也明知白駒過隙，逝者如斯，又值改革開放的大潮洶涌，我們必須以審視的眼光看待不適應我們獲得更快發展的一切并對其進行改革。未來可能講更有意思的話，著更其完美的文，做更其壯麗的事業，但今天衹是今天，未來也衹是今天的未來。在這本書中，我衹提供一份我在閩東實踐、思考的記録，這對于閩東脱貧事業和其他事業之宏偉大厦或可成爲一石一木，對于後來者或許也有些微意義——若留下探索，後人總結；若留下經驗，後人咀嚼；若留下教訓，後人借鑒；若留下失誤，後人避免。我亦斷定此書會被人遺忘。遺忘乃是大好事，足以證明我們前進得很快。

與世界發達國家相比，中國在有些方面落伍了。落伍原因歷史學家們可以慢慢探究；但對于更多的人來説，勵精圖治，發憤圖强，以中國的繁榮昌盛爲己任，儘短時間使整個國家“脱貧”，儘短時間使中國立于發達國家之林，纔是更爲緊迫、更爲切實的思想和行動。

而要實現這一目標，唯有全民把經濟建設當作最大的政治!

收集在這本書裏的29篇，12萬字，論及的問題方方面面，主旨衹有一個，即經濟建設。早在十年前召開的黨的十一届三中全會即提出：要把全黨的工作中心轉到經濟建設上來。然而，風風雨雨、冷冷熱熱、進進退退、尋尋覓覓，許多人對經濟建設就是最大的政治這一點始終欠缺理解，腦子始終轉不過來。而實踐則不斷給予明證：社會主義的優越性，衹有在生產力的解放中，在國力的快速增强中，在人民生活的極大改善中，在與外部世界日益廣泛的交往中纔能得以最充分體現。中國的成功點，恰在于我們重視經濟建設的話説得早，事做得快，業立得牢。試看今日之域中，中國之所以成爲地位穩靠、説話響亮的重要國家，正在于她堅持改革開放，獲得了世人矚目的經濟發展。

社會主義是前無古人的事業，一代又一代人探索，失誤乃至失敗，再探索，直至成功，循環往復，乃至無窮，這是無可指摘的必由之路。

鄧小平同志今年的南巡，説過這樣的話：實踐是檢驗真理的唯一標準，我就是相信毛主席講的實事求是。過去我們打仗靠這個，現在搞建設、搞改革也靠這個。我們講了一輩子馬克思主義，其實馬克思主義并不玄奥。馬克思主義是很樸實的東西，很樸實的道理。

鄧小平同志還説，改革開放膽子要大一些，敢于試驗，不能像小脚女人一樣。看準了的，就大膽地試，大膽地闖。没有一點闖的精神，没有一點“冒”的精神，没有一股氣呀，勁呀，就走不出一條好路，走不出一條新路，就幹不出新的事業。

我是崇尚行動的。實踐高于認識的地方正在于它是行動。從這個意義上説，我們不擔心説錯什麽，祇是擔心“意識貧困”，没有更加大膽的改革開放的新意；也不擔心做錯什麽，祇是擔心“思路貧困”，没有更有力度的改革開放的舉措。

兩年前，我離開閩東到福州赴任時，人民日報恰有一篇報道：閩東脱離貧困綫。有友人欣喜打電話告我此訊。我却没有絲毫輕鬆之感。我深知，相距于我們的理想，相距于我們的目標，相距于真正意義上的“脱貧”，“脱離貧困綫”祇能説是起步；同時，我也堅信，“億萬千百十，皆起于一”，閩東跨越了這一條“貧困綫”，若能繼續卧薪嘗膽，矢志如初，再接再厲，奮鬥不息，必能徹底擺脱貧困。

全書的題目叫做“擺脱貧困”，其意義首先在于擺脱意識和思路的“貧困”，祇有首先“擺脱”了我們頭腦中的“貧困”，纔能使我們所主管的區域“擺脱貧困”，纔能使我們整個國家和民族“擺脱貧困”，走上繁榮富裕之路。

[redacted]

圖書在版編目（CIP）數據

擺脱貧困：繁體本/習近平著. – 福州：福建人民出版社，2016.6（2023.12重印）
ISBN 978–7–211–07364–1

Ⅰ.①擺… Ⅱ.①習… Ⅲ.①習近平 – 講話 – 學習參考資料 ②社
會主義建設 – 福建省 – 文集 Ⅳ.①D2–0 ②D675.7–53

中國版本圖書館CIP數據核字（2016）第077904號

擺脱貧困
BAITUO PINKUN

著　　者：習近平
責任編輯：林 彬 李天兵 江典輝
出版發行：福建人民出版社
地　　址：福州市東水路76號
電　　話：0591–87533169（發行部）
網　　址：http://www.fjpph.com
電子郵箱：fjpph7211@126.com
經　　銷：福建新華發行（集團）有限責任公司
印　　刷：福建新華印刷有限責任公司
開　　本：787毫米 × 1092毫米 1/16
印　　張：14
字　　數：121千字
插　　頁：8
版　　次：2016年6月第1版
印　　次：2023年12月第3次印刷
書　　號：ISBN 978–7–211–07364–1
定　　價：36.00圓
